Virginia Woolf
Die besten Geschichten

Virginia Woolf

Die besten Geschichten

Aus dem Englischen von
Christel Kröning

Anaconda

Penguin Random House Verlagsgruppe FSC® N001967

2. Auflage

Neumarkter Straße 28, 81673 München
produktsicherheit@penguinrandomhouse.de
(Vorstehende Angaben sind zugleich
Pflichtinformationen nach GPSR.)

Umschlagmotiv: Francis Campbell Boileau Cadell (1883–1937), »Still Life with a Lacquer Screen«, The Fine Art Society, London, Bridgeman Images
Umschlaggestaltung: www.katjaholst.de
Satz und Layout: InterMedia – Lemke e. K., Heiligenhaus
Druck und Bindung: GGP Media GmbH, Pößneck
Printed in Germany
ISBN 978-3-7306-1041-1
www.anacondaverlag.de

Inhalt

Der Fleck an der Wand

Es wird so Mitte Januar dieses Jahres gewesen sein, als ich erstmals im Aufschauen den Fleck an der Wand bemerkte. Um sich an einen bestimmten Tag zu erinnern, muss man sich ins Gedächtnis rufen, was man gesehen hat. Ich denke also zurück an das Feuer. An den beständigen gelben Lichtschimmer auf meiner Buchseite. An die drei Chrysanthemen in der runden Glasvase auf dem Kaminsims. Ja, es muss Winter gewesen sein, kurz nach dem Tee, denn ich erinnere mich, eine Zigarette in der Hand gehalten zu haben, als ich das erste Mal im Aufschauen den Fleck an der Wand bemerkte. Ich blinzelte durch den Rauch meiner Zigarette und mein Blick verharrte für einen Moment auf den brennenden Kohlen, wobei mir jene alte Fantasie von der am Burgturm flatternden blutroten Fahne in den Sinn kam, und ich gedachte des Zugs roter Ritter, der den schwarzen Felshang hinanritt. Eher zu meiner Erleichterung unterbrach der Anblick des Flecks die Fantasie, denn es ist eine alte, vielleicht als Kind ersonnene, die mich stets unwillkürlich überkommt. Der Fleck war klein, rund, hob sich schwarz von der weißen Wand ab und lag etwa fünfzehn bis zwanzig Zentimeter über dem Kaminsims.

Wie bereitwillig sich unsere Gedanken auf etwas Neues stürzen, es erst eine Zeit lang, wie Ameisen einen Halm Stroh, übereifrig mit sich tragen, um es dann achtlos liegen zu lassen … Falls der Fleck von einem Nagel stammte, konnte der nicht für ein größeres Bild gewesen sein, sondern nur für eine Miniaturmalerei – die Miniatur einer Dame mit weiß gepuderten Locken, puderbestäubten Wangen und nelkenroten Lippen. Keine echte Antiquität natürlich, aber so hätten die Bewohner vor uns ihren Dekor nun einmal ausgesucht – ein altes Bild für ein altes Zimmer. Zu der Sorte von Leuten gehörten sie – hochinteressante Leute, an die ich sehr oft an sehr seltsamen Orten denke, weil niemand sie je wiedersehen wird, je wissen wird, was danach geschah. Sie verkauften das Haus, weil sie ihren Einrichtungsstil verändern wollten, so sagte er, und während er noch hinzufügte, dass seiner Meinung nach hinter Kunst Gedanken stehen sollten, wurde ich fort von ihm gerissen, so wie man fort von der alten Dame gerissen wird, die gerade Tee einschenkt, von dem jungen Mann, der gerade hinten im Stadtvillagarten den Tennisball schlägt, wenn man im Zug an ihnen vorbeirauscht.

Was jedoch den Fleck betrifft, so bin ich nicht sicher. Eigentlich glaube ich nicht, dass er von einem Nagel stammt. Dafür ist er zu groß und zu rund. Ich könnte aufstehen, aber zehn zu eins, dass ich, wenn ich aufstünde und ihn mir näher ansähe, auch nichts mit Sicherheit sagen könnte. Denn wenn etwas einmal geschehen ist, vermag niemand je zu erfahren, wie es passierte. Du meine Güte! Das Mysterium des Lebens! Die Fehlerhaftigkeit des Denkens! Das Unwissen der Menschheit! Um zu veranschaulichen, wie wenig Kontrolle wir über unsere Besitztümer haben, wie zufällig dieses Dasein trotz all unserer Zivilisiertheit immer noch ist, will ich nur einmal ein paar der in einem Menschenleben verlorenen Dinge aufzählen, angefangen mit, denn dieser Verlust erscheint mir stets als der mysteriöseste von allen – welche Katze fräße sie schließlich, welche Ratte zernagte sie? –, drei hellblauen Dosen mit Buchbindewerkzeugen. Dann die Vogelkäfige, die Bandeisen, die Schlittschuhe, der Kohleneimer aus der Queen-Anne-Ära, das Tivolispiel, der Leierkasten – alle fort, und erst die Schmuckstücke. Opale und Smaragde geraten auf einmal zwischen die Steckrüben. Das gibt ein fröhliches Wühlen und Scharren! Geradezu ein Wunder, dass mir noch Kleidung am Leib geblieben ist, dass ich hier noch von standhaften Möbeln umgeben bin. Nun ja, wenn man das Leben mit etwas vergleichen will, dann am ehesten damit, dass man mit achtzig Stundenkilometern durch den U-Bahn-Tunnel gepustet wird und am anderen Ende sämtliche Haarnadeln eingebüßt hat! Splitternackt ausgespuckt vor Gottes Füße! Kopfüber in die Moorlilienwiesen getaumelt wie eins dieser braunen Päckchen, die sie im Postamt die

Rutsche hinunterkippen! Und die Haare wehen hinter einem drein wie ein Rennpferdschwanz. Ja, so scheint mir die Schnelligkeit des Lebens, das beständige Abhandenkommen und Flickschustern ganz gut veranschaulicht. Alles so zufällig, alles so willkürlich …

Nach dem Leben jedoch. Peu à peu dicke grüne Stängel zu sich herunterziehen, damit der Blütenkelch, sobald er sich neigt, einen mit violettem und rotem Licht übergießt. Warum sollte man schließlich dort anders geboren werden als hier – hilflos, sprachlos, mit unscharfem Blick, die Wurzeln des Grases betastend und die Zehen der Riesen? Unterscheiden, was Bäume sind und was Männer und Frauen, oder wissen, ob es sie überhaupt gibt, das könnte man erst nach grob fünfzig Jahren. Nichts als Flächen aus Hell und Dunkel, von dicken Stängeln durchschnitten, und ganz hoch oben vielleicht rosenförmige Kleckse unbestimmter Farbe – verschwommen rosa oder blau –, die im Lauf der Zeit deutlicher und … zu etwas werden, ich weiß nicht, wozu.

Und doch ist der Fleck an der Wand auf keinen Fall ein Loch. Er könnte eigentlich sogar von einem runden schwarzen Ding verursacht sein, wie einem kleinen Rosenblatt, das noch vom Sommer übrig ist, und ich, die ich meinen Haushalt nicht gerade mit Argusaugen führe – man sehe sich nur einmal den

Staub auf dem Kaminsims an, den Staub, der, wie es heißt, Troja dreimal unter sich begrub, sodass dort wohl nur noch Geschirrscherben der Vergänglichkeit trotzen.

Der Baum vor dem Fenster klopft sacht an die Scheibe … Ich möchte in Ruhe nachdenken, besonnen, ausführlich, nie unterbrochen werden, nie von meinem Sessel aufstehen müssen, möchte geschmeidig vom einen ins andere gleiten, ohne Feindseligkeit oder Hemmnis. Tiefer und tiefer möchte ich sinken, fort von der Oberfläche mit ihren harten, zertrennten Tatsachen. Um mich ein wenig zu fangen, greife ich nach dem erstbesten vorbeitrudelnden Gedanken … Shakespeare … Na, der taugt dafür so gut wie jeder andere. Ein Mann, der seinerseits fest im Sessel saß und ins Feuer blickte, und … Ein Ideenregen fiel unablässig aus einem sehr hohen Himmel durch seinen Geist herab. Er stützte die Stirn auf die Hand, und Leute, die durch die offene Tür hereinsahen – denn diese Szene soll sich an einem Sommerabend abspielen … Oje, wie öde das ist! Derlei Historienschinken interessieren mich kein bisschen. Stieße ich doch auf einen wohltuenden Gedankengang, einen, der über Umwege ein gutes Licht auf mich wirft, denn das sind die wohltuendsten Gedanken, und sie kommen ja sogar den bescheidensten, mausgrauen, jedwedem Lob aus tiefster Seele abgeneigten Menschen ziemlich häufig in den Sinn. Solche Gedanken loben einen nicht direkt, das ist das Schöne an ihnen, es sind Gedanken in dieser Art:

»Und dann kam ich ins Zimmer. Das Gespräch drehte sich um Botanik. Ich erzählte, wie ich eine Blume entdeckt hatte, die unter dem Schutt eines alten Hauses auf der Kingsway hervorspross. Ihr Samen, sagte ich, muss unter der Herrschaft Karls des Ersten gesät worden sein. Welche Blumenarten blühten unter Karl dem Ersten?, so fragte ich (erinnere mich aber nicht mehr an die Antwort). Langstielige mit purpurnen Narbenfäden vielleicht. Und so geht es weiter. Währenddessen hübsche ich, liebevoll und verstohlen, mein Ich im Geiste auf, ohne es offen zu bewundern, denn sobald ich das täte, würde ich mich ertappen und aus Selbstschutz eilig zu einem Buch greifen. Tatsächlich ist es doch kurios, wie instinktiv man sein Selbstbild vor Vergötterung oder sonst einer Behandlung schützt, die es lächerlich oder der Vorlage zu unähnlich machen würde, um weiter an es zu glauben. Wobei, vielleicht ist dieser Reflex nur natürlich. Denn was gibt es Wichtigeres? Angenommen, der Spiegel zerbräche, das Bild verschwände und die romantische Gestalt inmitten der grünen Waldestiefe wäre für immer fort, ließe nur jene menschliche Hülle zurück, die die anderen Leute sehen – welch eine stickige, seichte, karge, grelle Welt da entstünde! Eine Welt, in der niemand leben wollte. Wenn wir einander in Bussen und U-Bahnen ansehen, schauen wir in den Spiegel. Daher auch das Verschwommene, der gläserne Schimmer in unseren Augen. Und denjenigen, die künftig Romane schreiben, wird die Bedeutsamkeit dieser Spiegelbilder immer bewusster werden, denn natürlich gibt es davon nicht nur eines, sondern nahezu unendlich viele. Diese Tiefen werden sie erforschen, diesen Phantomen nachjagen und in ihren Geschichten immer weniger die Wirklichkeit beschreiben, sondern das Wissen darum als gegeben voraussetzen, wie die Griechen es taten und Shakespeare vielleicht – doch derlei Generalisierung ist vollkommen wertlos. Man achte nur auf den militärischen Klang des Begriffs. Der erinnert an Leitartikel, an Kabinettsminister – an ganze Reihen von Dingen, die man als Kind für das Ding an sich gehalten hat, für den Standard, das Echte, von dem man sich nicht lösen konnte, ohne namenlose Verdammnis fürchten zu müssen. Auf unklare Weise bringt Generalisierung den Londoner Sonntag zurück, sonntägliche Nachmittagsspaziergänge, sonntägliche Essen und eine bestimmte Art, über die Toten zu reden, über Kleidungsstücke und Gewohnheiten – wie die Gewohnheit, bis zu einer bestimmten Uhrzeit gemeinsam in einem Zimmer zu sitzen, obwohl es niemandem gefiel. Für alles gab es eine Regel. Die Tischtuchregel zu jener Zeit besagte, dass diese kleinen gelben Rauten eingewebt sein mussten, wie man es vielleicht von den Fotografien der Flurteppiche in den königlichen Palästen her kennt. Alles andere war kein echtes Tischtuch. Welcher Schrecken und gleichzeitig welches Glück einen überkamen, als man entdeckte, dass all diese echten Dinge, Sonntagsessen, Sonntagsspaziergänge, Landhäuser, Tischtücher, gar nicht absolut echt waren, sondern eigentlich halb nur Phantome und dass die dem Ungläubigen drohende Verdammnis eigentlich nur verbotener Freiheitssinn war. Was nimmt nun den Platz dieser Dinge ein, frage ich mich, dieser echten Dinge, dieser Standards? Männer vielleicht, wenn man eine Frau ist. Der männliche Blickwinkel, der unsere Leben regiert, der den Standard setzt, der Whitakers Adelstabelle aufstellt, jene Rangordnung, die seit dem Krieg, wie ich glaube, für viele Männer und Frauen halb zum Phantom geworden ist und die bald, wie ich hoffe, in den Abfalleimer gelacht werden wird, worin die Phantome landen, die Mahagonianrichten und die Landseer-Drucke, die Götter und Teufel, die Hölle und so weiter, während wir alle in einem Rausch von verbotenem Freiheitssinn zurückbleiben – falls Freiheit existiert …

In einem bestimmten Licht wirkt es eher so, als würde der Fleck von der Wand abstehen. Und auch gar nicht ganz rund sein. Vielleicht irre ich mich, aber er scheint sogar einen Schatten zu werfen, ganz als würde mein Finger, wenn ich ihn die Wand hinabgleiten ließe, dort einen dieser kleinen, sanft auf- und abschwingenden Erdhügel überqueren, wie es sie in den South Downs gibt und die, so heißt es, entweder Grab- oder Wehrbauten waren. Von den beiden Möglichkeiten bevorzuge ich die Grabvariante, da ich mich wie die meisten in England nach Melancholie sehne und es nur natürlich finde, am Ende eines Spaziergangs an die unter der Grasnarbe ruhenden Knochen zu denken … Irgendwo muss es ein Buch darüber geben. Irgendein Altertumsforscher muss diese Knochen ausgegraben und ihnen einen Namen gegeben haben … Welche Sorte Mensch, frage ich mich, wird Altertumsforscher? Hauptsächlich Stabsoffiziere im Ruhestand, wage ich zu behaupten, die Gruppen betagter Arbeiter hier heraufführen, um Erd- und Steinklumpen zu untersuchen, und die in Korrespondenz mit dem benachbarten Pfarramt treten, worauf jenes, indem es zur Frühstückszeit öffnet, den älteren Herren ein Gefühl der Wichtigkeit schenkt, und natürlich erfordert das Vergleichen von Pfeilspitzen auch Reisen durchs Land zu den Kreisstädten – ein angenehmes Erfordernis sowohl für die älteren Herren als auch für ihre Ehefrauen, die Pflaumenmarmelade einkochen wollen oder im Arbeitszimmer einmal ordentlich durchwischen und daher guten Grund haben, die Spannung um die große Frage nach Grab- oder Wehrbau stetig zu schüren, während der Offizier selbst sich wohlig philosophisch fühlt, indem er Beweise für beide Möglichkeiten zusammenträgt. Doch letzten Endes tendiert er zur Wehrbauvariante und verfasst, als ihm widersprochen wird, eine Streitschrift, die er gerade beim Quartalstreffen des Ortsvereins vorlesen will, als ihn ein Schlaganfall niederstreckt, weshalb seine letzten bewussten Gedanken sich nicht um Frau oder Kind drehen, sondern um den Wehrbau und die dort gefundene Pfeilspitze, die jetzt hinter Glas im örtlichen Heimatmuseum liegt, zusammen mit dem Fuß einer chinesischen Mörderin, einer Handvoll elisabethanischer Nägel, einer großen Auswahl Tonpfeifen aus der Tudorzeit, einem Stück römischer Töpferware und einem Weinglas, aus dem einst Admiral Nelson trank und das somit … etwas beweist, ich weiß beim besten Willen nicht, was.

O nein, nichts ist bewiesen, nichts ist bekannt. Und wenn ich in genau diesem Moment aufstehen und feststellen würde, dass der Fleck an der Wand in Wirklichkeit ein – was nehmen wir? – riesiger alter Nagelkopf ist, der vor zweihundert Jahren dort hineingeschlagen wurde und der jetzt, wegen des durch ganze Generationen von Hausmädchen verursachten, geduldigen Abriebs, sein Haupt aus den Farbschichten streckt, um zum ersten Mal das moderne Leben in Gestalt eines weiß gestrichenen, kaminfeuerbeschienenen Zimmers zu erblicken, was sollte ich dadurch gewinnen? – Wissen? Material für weitere Spekulationen? Spekulieren kann ich ebenso gut, wenn ich sitzen bleibe. Und was ist schon Wissen? Was sind unsere Gelehrten anderes als die Nachfahren von Hexen und Einsiedlern, die sich in ihre Höhlen duckten, in den Wäldern Kräutertränke zusammenbrauten, Spitzmäuse befragten und die Sprache der Sterne notierten? Je weniger wir sie verehren, während gleichzeitig unser Aberglaube schwindet und unser Respekt für die Schönheit und Kraft des Geistes wächst ... Ja, man könnte sich eine sehr angenehme Welt vorstellen. Eine ruhige, geräumige Welt mit sattroten und -blauen Blumen auf den weiten Feldern. Eine Welt ohne Professoren, Experten oder Haushälterinnen mit Polizistenprofil, eine Welt, die man mit seinen Gedanken teilen könnte, wie ein Fisch mit der Flosse das Wasser teilt, Seerosenstängel streift, über weißen Seeigelnestern schwebt ... Wie friedlich es ist hier unten, wo man, verwurzelt im Herzen der Welt, emporblickt durch die grauen Wasser mit ihrem jähen Aufglitzern und ihren Spiegelungen – wäre da nicht Whitakers Almanach – wäre da nicht diese Adelstabelle!

Ich muss einfach aufspringen und nachsehen, was der Fleck an der Wand wirklich ist – ein Nagel, ein Rosenblatt, ein Spalt im Holz?

Hier spielt die Natur einmal wieder ihr altes Spiel namens Selbsterhaltung. Durch meinen Gedankengang, so merkt sie, droht die reinste Energieverschwendung, eine Kollision gar mit der Wirklichkeit, denn wer wäre je imstande, auch nur einen Finger gegen Whitakers Rangordnung zu erheben? Dem Erzbischof von Canterbury folgt der Hohe Lordkanzler, dem Hohen Lordkanzler folgt der Erzbischof von York. Jeder folgt jemandem, so Whitakers Philosophie. Und das Tolle daran ist zu wissen, wer wem folgt. Whitaker weiß es und wir sollen uns, so rät die Natur, davon nicht erzürnen, sondern trösten lassen. Und bevor man sich partout nicht trösten lassen kann, bevor man unbedingt diese Stunde des Friedens zerschlagen muss, denke man an den Fleck an der Wand.

Ich verstehe das Spiel der Natur – dass sie, um jeden Gedanken zu beenden, der womöglich begeistern oder gar wehtun könnte, zur Tätigkeit antreibt. Daher rührt, so scheint mir, auch unsere leichte Verachtung für Männer der Tat – Männer, die, wie wir vermuten, nicht denken. Trotzdem kann es nicht schaden, hinter unangenehme Gedanken einen Punkt zu setzen, indem man einen Fleck an der Wand betrachtet.

Tatsächlich fühle ich mich jetzt, da ich meinen Blick fest auf den Fleck gerichtet halte, als hätte ich mitten auf hoher See eine Planke zu fassen bekommen. Ich verspüre eine befriedigende Echtheit, die die zwei Erzbischöfe und den Hohen Lordkanzler im Handumdrehen in Schatten von Schatten verwandelt. Hier ist etwas Konkretes, etwas Echtes. Deswegen macht man auch, wenn man mitten in der Nacht aus einem Schreckenstraum hochfährt, hastig Licht, bleibt andächtig liegen und betet die Kommode an, die Festigkeit, die Wirklichkeit, die unpersönliche Welt, die beweist, dass es eine andere Existenz neben der unseren gibt. Dessen möchte man sicher sein … Es ist angenehm, über Holz nachzudenken. Holz kommt vom Baum. Bäume wachsen, ohne dass wir wissen, wie sie das tun. Jahr um Jahr wachsen sie, ohne sich um uns zu kümmern, auf Wiesen, in Wäldern und an Flussufern – etwas, an das man gern denkt. In ihrem Schatten schlagen die Kühe an heißen Nachmittagen mit dem Schwanz nach Fliegen. Sie malen die Flüsse so grün, dass man, wenn ein Sumpfhuhn hineintaucht, in der Erwartung stehen bleibt, es werde mit grün eingefärbtem Federkleid wieder auftauchen. Gern denke ich an die Fische, die sich in die Strömung stellen wie wehende Flaggen. Und an die Wasserkäfer, die bedächtig ihre Schlammkuppeln im Flussbett errichten. Ich denke gern an den Baum selbst: erst das dichte, trockene Gefühl des Holzseins, dann das Knirschen im Sturm, dann das langsame, köstliche Fließen der Säfte. Auch an den Baum, der in Winternächten auf kahlem Feld steht, mit eingerollten Blättern, ohne den Stahlgeschossen des Mondes etwas Zartes preiszugeben, denke ich gern, an diesen blanken Schiffsmast auf einer Erde, die die ganze Nacht hindurch taumelt und schwankt. Der Junigesang der Vögel muss unglaublich laut und fremdartig sein und das Trippeln der Insekten unglaublich kalt, wenn sie sich mühsam durch die Rindenfurchen emporarbeiten oder sich auf den zarten grünen Blattmarkisen sonnen und mit diamantgeschliffenen roten Augen reglos geradeaus starren … Eine Faser nach der anderen reißt unter dem lastenden kalten Erdendruck, bis schließlich der letzte Sturm kommt und selbst die höchsten Äste tief in den Boden zurückfallen. Und doch ist das Leben noch nicht vorbei. Auf der ganzen Welt erwarten den Baum noch Tausende Existenzen voller Geduld und Wachsamkeit, in Schlafstuben, auf Schiffen, auf Gehwegen, in Wohnzimmern, wo Männer und Frauen nach dem Tee eine Zigarette rauchen. So voll friedlicher, voll glücklicher Gedanken steckt dieser Baum, dass ich jeden einzelnen davon genießen möchte – doch etwas gerät mir in den Weg … Wo war ich? Worum ging es hier? Um einen Baum? Einen Fluss? Die Downs? Whitakers Almanach? Die Moorlilienwiesen? Ich kann mich an nichts mehr erinnern. Alles bewegt sich, fällt, entgleitet, verschwindet … Etwas

Gewaltiges erhebt sich. Jemand beugt sich über mich und sagt:

»Ich geh eine Zeitung kaufen.«

»Ja?«

»Obwohl das eigentlich sinnlos ist … Es ändert sich eh nie etwas. Verflucht sei dieser Krieg, gottverdammt sei er! … Trotzdem weiß ich nicht, was eine Schnecke bei uns an der Wand zu suchen hat.«

Ah, der Fleck an der Wand! Er war eine Schnecke.

Kew Gardens

An die hundert Stängel streckten sich aus dem ovalen Blumenbeet empor, spreizten auf halbem Weg herz- oder zungenförmiges Blattgrün und öffneten an der Spitze erhaben betupfte rote, blaue oder gelbe Blütenblätter. Dieser roten, blauen oder gelben Glut der Kehle entsprang ein kerzengerader, dick goldbestäubter Griffel samt Blütennarbe. Die Blütenblätter waren groß genug, um sich in der leichten Sommerbrise zu regen, und wenn sie das taten, legten die roten, blauen und gelben Lichter sich übereinander, sodass auf dem Erdenbraun darunter ein unendlich vielschichtiger Farbfleck entstand. Das Licht fiel bald auf den glatten grauen Rücken eines Kiesels, bald auf ein braun geädertes Schneckenhaus oder erfüllte, wenn es in einem Regentropfen landete, die hauchdünne Wasserkuppel mit einem so satten Rot, Blau oder Gelb, dass man glaubte, sie würde davon zerspringen. Stattdessen jedoch blieb der Tropfen schon im nächsten Moment wieder silbergrau zurück, weil das Licht sich jetzt auf das Fleisch eines Blattes legte, die verzweigten Äderchen im Innern zum Vorschein brachte und gleich darauf weiterzog und seinen Schein unter dem weitläufigen Gewölbe des herz- und zungenförmigen Blattgrüns ausbreitete. Als dann die Brise etwas stärker ging, wurde das farbige Leuchten emporgesandt, in die Augen der Männer und Frauen, die im Juli durch die Kew Gardens spazieren.

In einem seltsam unsteten Gang, der dem Zickzack der gaukelnden weißen und blauen Schmetterlinge nicht unähnlich war, streiften die Männer- und Frauengestalten zwischen den Beeten umher. Der Mann schlenderte müßig eine Handbreit vorweg, während die Frau entschlossener vorwärtsstrebte und nur dann und wann den Kopf danach umdrehte, ob die Kinder noch in der Nähe waren. Absichtlich, wenn auch vielleicht unbewusst, hielt der Mann diesen Abstand zur Frau, denn er wollte seine Gedanken fortführen.

»Vor fünfzehn Jahren war ich mit Lily hier«, dachte er. »Wir saßen irgendwo dort an einem See und den ganzen heißen Nachmittag hindurch flehte ich sie an, mich zu heiraten. Wie ausdauernd uns die Libelle umkreiste. Wie deutlich ich das Tier noch sehe, und ihren Schuh mit der viereckigen silbernen Schnalle an der Spitze. Die ganze Zeit, während ich sprach, hatte ich diesen Schuh vor Augen, und als der ungeduldig wippte, wusste ich, ohne aufzusehen, was sie sagen würde – ihr ganzes Wesen schien in diesem Schuh zu stecken. Und meine Liebe, mein Sehnen steckten in der Libelle. Aus irgendeinem Grund glaubte ich, wenn das Tier sich auf dieses Blatt setzte, auf das breite dort mit der roten Blüte in der Mitte, wenn es sich auf das Blatt setzte, dann würde sie sofort ›Ja‹ sagen. Doch die Libelle flog nur immer im Kreis, setzte sich nirgendwo hin – natürlich nicht, zum Glück nicht, denn sonst spazierte ich ja jetzt nicht hier mit Eleanor und den Kindern. Sag, Eleanor, denkst du manchmal an früher?«

»Warum fragst du, Simon?«

»Weil ich an früher gedacht habe. An Lily, die Frau, die ich fast geheiratet hätte … Nun, warum sagst du nichts? Stört es dich, wenn ich an früher denke?«

»Warum sollte es, Simon? Denkt man nicht automatisch an früher in so einem Park, in dem Männer und Frauen unter Bäumen liegen? Sind sie nicht die eigene Vergangenheit, was davon übrig ist, diese Männer und Frauen, diese Geister unter den Bäumen … das eigene Glück, die eigene Wirklichkeit?«

»Für mich sind eine viereckige silberne Schuhschnalle und eine Libelle –«

»Für mich ist es ein Kuss. Denk dir sechs kleine Mädchen vor zwanzig Jahren. Unten am Seeufer sitzen sie vor ihren Leinwänden und malen Seerosen, die ersten roten Seerosen, die ich je gesehen hatte. Und plötzlich ein Kuss, in meinem Nacken. Und den ganzen Nachmittag lang zitterte mir derart die Hand, dass ich nicht malen konnte. Ich nahm meine Uhr aus der Tasche und setzte mir eine Zeit, an der ich mir, für fünf Minuten nur, erlauben würde, an den Kuss zu denken. So kostbar war er, der Kuss einer grauhaarigen alten Frau mit einer Warze auf der Nase – die Mutter aller Küsse meines Lebens. Komm, Caroline. Komm, Hubert.«

Weiter am Blumenbeet entlang gingen sie, jetzt zu viert nebeneinander, und wurden bald zwischen den Bäumen, wo Sonnenlicht und Schatten zitternd über ihre Rücken schwammen, immer kleiner und durchscheinender.

Währenddessen regte sich im Oval des Beetes ganz zaghaft nun die Schnecke in ihrem Haus, das bestimmt zwei Minuten lang rot, blau und gelb gefärbt worden war, streckte den Kopf heraus und begann, über die Erdkrümel hinwegzukriechen, die sich unter ihrer Berührung lösten und fortrollten. Sie schien ein festes Ziel vor Augen zu haben und unterschied sich hierin von dem eigenartigen hageren grünen Insekt, das mit seinen langen Beinen erst ihren Weg kreuzen wollte, dann jedoch mit wie vor Unschlüssigkeit zitternden Fühlern kehrtmachte und ebenso hastig und ungelenk, wie es gekommen war, in die entgegengesetzte Richtung davonstakste. Tiefgrüne Seen zwischen braunen Steilhängen, schmale, klingengleiche Bäume, die sich von der Wurzel bis zur Spitze im Wind bogen, graue Felsbrocken, weite, zerklüftete Ebenen, deren dünner Grund knackend nachgab – all das lag dem Vorankommen der Schnecke zwischen einem Stängel und dem nächsten im Weg. Bevor sie jedoch entschieden hatte, ob sie das vor ihr hochaufragende tote Blatt umkriechen oder ihm die Stirn bieten wollte, kamen weitere Menschenfüße am Beet vorbei.

Diesmal zwei Männer. Die Miene des Jüngeren war auf womöglich künstliche Weise gelassen. Wenn sein Begleiter sprach, hob er den Blick und richtete ihn starr und fest geradeaus, nur um ihn, hatte der andere fertig gesprochen, wieder auf den Boden zu richten und sodann manchmal erst nach einer langen Pause den Mund zu öffnen oder ihn gleich ganz geschlossen zu lassen. Der ältere Mann hingegen bewegte sich auf eine seltsam unstete, schwankende Weise vorwärts, bei der er, fast wie ein ungeduldiges Kutschpferd, das nicht länger vorm Haus warten will, die Hand vorstieß und den Kopf zurückwarf. Doch bei dem Mann hatte dieses Gebaren weder Entschlusskraft noch Ziel. Er redete nahezu unablässig, dann lächelte er und redete weiter, als wäre das Lächeln eine Antwort gewesen. Er redete über die Geister, die Geister der Toten, die ihm, wie er behauptete, sogar hier beim Spaziergang allerlei Sonderbares über ihre Erlebnisse im Himmel erzählten.

»Den alten Griechen, William, galt Thessalien als Himmel, und jetzt rollt wegen dieses Krieges die Geistermaterie dort wie Donner zwischen den Bergen umher.« Er hielt inne, schien zu horchen, lächelte, warf den Kopf zurück und fuhr fort:

»Du nimmst dir eine kleine Batterie und etwas Gummi, um das Kabel zu dämmen – isolieren? – dämmen? – na, lassen wir die Details, bringt ja nichts, von Details zu reden, die keiner versteht – kurzum: Die kleine Maschine platzierst du nach Gutdünken, sagen wir, auf einem hübschen Mahagonigestell, am Kopfende des Bettes. Nachdem die Arbeiter unter meiner Anleitung dann alle nötigen Handgriffe getan haben, legt die Witwe ihr Ohr ans Gerät und ruft den Geist mit dem vereinbarten Zeichen. Frauen! Witwen! Frauen in Schwarz –«

Hier schien sein Blick auf das Kleid einer Frau ein Stück abseits gefallen zu sein, das im Schatten purpurschwarz wirkte. Er nahm den Hut ab, legte die Hand aufs Herz und machte Anstalten, ihr unter hitzigem Murmeln und Gestikulieren entgegenzueilen. Doch William hielt ihn am Ärmel fest und tippte, um die Aufmerksamkeit des Alten auf etwas anderes zu lenken, mit der Spazierstockspitze an eine Blume. Nachdem der Alte sie einen Moment lang verwirrt angeblickt hatte, legte er das Ohr an den Blütenkelch und schien auf eine daraus tönende Stimme zu antworten, denn er begann, über die Wälder Uruguays zu sprechen, die er vor Hunderten Jahren mit der schönsten Frau Europas bereist hatte. Man konnte ihn vor sich hin murmeln hören über die Wälder Uruguays, bedeckt von den wächsernen Blüten tropischer Rosen, über Nachtigallen, Sandstrände, Nixen und ertrunkene Frauen, während er sich von William, dem die stoische Geduld immer deutlicher ins Gesicht geschrieben stand, widerwillig weiterziehen ließ.

Hinter den beiden kamen, nah genug, um von den Gesten des Alten leicht befremdet zu sein, zwei ältere Damen der unteren Mittelschicht daher, die eine dick und behäbig, die andere rotwangig und flink. Wie die meisten Leute ihres Standes waren sie unverblümt fasziniert von allem Exzentrischen, das auf eine Geistesstörung hindeutete, am besten noch bei einem Gutsituierten. Allerdings kamen sie dann doch nicht nah genug, um zu entscheiden, ob diese Gesten noch exzentrisch oder schon wahrhaft irre waren. Nachdem sie den Rücken des alten Mannes einen Augenblick lang schweigend gemustert und einander einen scheelen Blick zugeworfen hatten, gingen sie energischen Schrittes weiter und setzten ihren hochkomplexen Dialog fort:

»Nell, Bert, Lot, Cess, Phil, Pa, er sagt, ich sag, sie sagt, ich sag, ich sag, ich sag –«

»Mein Bert, Sis, Bill, Opa, der alte Mann, Zucker,
Zucker, Mehl, Räucherfisch, Grünzeug,
Zucker, Zucker, Zucker.«

Mit einem seltsamen Ausdruck blickte die Behäbige durch den Vorhang aus fallenden Wörtern auf die kühl, fest und aufrecht in der Erde stehenden Blumen. Sie sah sie wie eine, die aus tiefem Schlaf erwacht und einen Messingkerzenständer auf ungewohnte Weise das Licht reflektieren sieht, dann die Augen schließt und öffnet, wieder den Kerzenständer sieht und, mit einem Mal hellwach, ihn mit ganzer Kraft anstarrt. Wie angewurzelt blieb die schwere Frau vor dem ovalen Blumenbeet stehen und tat nicht einmal mehr so, als würde sie der anderen zuhören. Sie stand da, ließ die Wörter auf sich niederregnen, wiegte langsam den Oberkörper vor und zurück und betrachtete die Blumen. Dann schlug sie vor, dass man sich langsam ein Plätzchen für die Teepause suchen könnte.

In der Zwischenzeit hatte die Schnecke sämtliche Möglichkeiten erwogen, wie sie an ihr Ziel gelangen konnte, ohne um das tote Blatt herum- oder darüber hinwegzukriechen. Denn ganz zu schweigen von der Anstrengung, die das Erklettern eines Blatts bedeutete, sie bezweifelte auch, dass dieses morsche Exemplar, das schon beim leichten Antippen mit dem Fühler unter verdächtigem Knistern ins Beben geriet, ihr Gewicht tragen würde. Und dies bewog sie nun schließlich dazu, einfach unter dem Blatt hindurchzukriechen, da es sich an einer Stelle hoch genug wölbte, um sie einzulassen. Gerade hatte sie den Kopf in die Öffnung geschoben, einen prüfenden Blick auf das braune Dach hoch über ihr geworfen und sich an das kühlbraune Licht gewöhnt, als draußen auf dem Rasen zwei weitere Leute vorbeigingen. Diesmal waren sie beide jung, ein junger Mann und eine junge Frau. Beide befanden sich in der Blüte der Jugend oder gar in jener Jahreszeit, die der Blüte der Jugend vorausgeht, jener Zeit, da die weichen pinken Blütenblätter ihre versiegelte Kapsel noch nicht gesprengt haben, da die Flügel des Schmetterlings zwar schon ausgewachsen sind, aber noch unbewegt in der Sonne verharren.

»Zum Glück ist heute nicht Freitag«, stellte er fest.

»Warum? Bist du abergläubisch?«

»Freitags muss man sechs Pence bezahlen.«

»Was sind schon sechs Pence? Ist dir das hier keine sechs Pence wert?«

»›Das hier‹? Was meinst du mit ›das hier‹?«

»Ach, einfach alles, ich meine, du weißt, was ich meine.«

Lange Pausen entstanden jeweils zwischen diesen Bemerkungen, die mit ausdrucks- und tonlosen Stimmen geäußert wurden. Das Paar blieb am Beetrand stehen, dann bohrten die beiden gemeinsam das Ende ihres Sonnenschirms tief in die weiche Erde. Dies und der Umstand, dass seine Hand dabei auf ihrer lag, drückten auf eine seltsame Art ihre Gefühle aus, so wie auch die knappen, unbedeutenden Worte etwas ausdrückten, Worte mit für ihre Bedeutungsschwere zu kurzen Flügeln, die sie nicht weit zu tragen vermochten, sodass sie recht ungelenk auf den ganz gewöhnlichen und doch, für ihre ungeübte Berührung, so gewaltigen Dingen um sie her landeten. Aber wer weiß schon (so dachten sie, während sie den Sonnenschirm in die Erde bohrten), ob diese Dinge nicht Abgründe bargen oder ob nicht auf ihrer anderen Seite Eishänge in der Sonne glitzerten. Wer weiß? Wer hat es je gesehen? Selbst als sie bloß laut überlegte, welche Sorte Tee sie einem in Kew wohl servierten, hatte er den Eindruck, dass hinter ihren Worten breit und massiv etwas lauerte. Und dann lichtete der Nebel sich langsam und gab den Blick frei auf – o Himmel, was kam dort zum Vorschein? – weiße Tischchen und Kellnerinnen, die erst sie, dann ihn anschauten. Und eine Rechnung, die er mit einer echten Zweishillingmünze bezahlen würde, und diese Münze war echt, waschecht, so versicherte er sich und befühlte das Geldstück in seiner Tasche, echt für jeden, außer für ihn und für sie. Wobei es sich sogar für ihn langsam echt anfühlte. Und dann … Doch es war zu aufregend, dort weiter zu stehen und nachzudenken, also zog er den Sonnenschirm mit einem Ruck aus der Erde und konnte es kaum erwarten, dorthin zu kommen, wo man mit anderen Leuten, wie andere Leute, Tee trank.

»Komm, Trissie, es wird Zeit für unsern Tee.«

»Aber wo trinkt man denn hier seinen Tee?«, fragte sie mit vor Aufregung ganz seltsam kieksender Stimme, blickte unentschlossen umher, ließ sich weiter den Rasenpfad entlangzerren, schleifte den Sonnenschirm hinter sich drein, wandte den Kopf bald nach hier, bald nach dort, vergaß ihren Tee, wollte bald diesen, bald jenen Weg nehmen, erinnerte sich an Orchideen und an Kraniche zwischen Wildblumen, an eine chinesische Pagode und einen Vogel mit blutrotem Federkamm, doch er zog sie weiter.

So streifte ein Paar nach dem anderen mit der nahezu immer gleichen unsteten und ziellosen Gangart an dem Blumenbeet vorbei und wurde in Schicht um Schicht aus grünblauem Dunst gehüllt, worin ihre Körper erst noch Substanz und einen Schuss Farbe besaßen, ehe sich beides in dem Grünblau auflöste. Wie heiß es war! So heiß, dass selbst die Drossel es vorzog, mit langen Pausen zwischen einer Bewegung und der nächsten wie ein Aufziehvogel durch den Schatten der Blumen zu hüpfen. Statt weiter umherzugaukeln, tanzten die Schmetterlinge einer über dem anderen und bildeten über den größten Blumen im Beet mit ihrem schneeweißen Flockengestöber den Umriss einer geborstenen Marmorsäule. Die Glasdächer des Palmenhauses schimmerten, als wäre in der Sonne ein ganzer Marktplatz aus glänzend grünen Regenschirmen aufgeklappt, und im fernen Flugzeuggedröhn raunte die wilde Seele des Sommerhimmels. Gelb und

Schwarz, Pink und Schneeweiß – Gestalten in all diesen Farben, Männer, Frauen und Kinder waren einen Augenblick lang am Horizont auszumachen, bevor sie, angesichts der gelben Weite, die auf dem Gras lag, zögerten und unter den Bäumen Schatten suchten, wo sie wie Wassertropfen im gelbgrünen Dunst zergingen und ihn nur sacht rot und blau färbten. Es schien, als wären all die plumpen, schweren Körper in der Hitze niedergesunken und lägen nun regungslos dicht gedrängt da, bloß ihre Stimmen flackerten noch über ihnen, als taumelten Flammen über den zähwächsernen Leibern von Kerzen. Stimmen. Ja, Stimmen. Wortlose Stimmen, die jäh die Stille durchbrachen mit tiefer Zufriedenheit, mit feurigem Sehnen oder, im Fall der Kinderstimmen, mit taufrischer Überraschung. Die Stille durchbrachen? Es gab ja hier gar keine Stille. Die ganze Zeit rollten die Reifen und schalteten die Gänge der Omnibusse. Wie ein gewaltiger Satz stahlblecherner Schachteln, die, ineinandergestapelt, unablässig sich drehten – so klang das Gemurmel der Stadt. Darüber hin gellten die Stimmen, und die Myriaden von Blütenblättern sandten ihr farbiges Leuchten empor.

Feste Gegenstände

Das Einzige, was sich auf dem weiten Halbkreis des Strandes bewegte, war ein kleiner schwarzer Punkt. Während er sich Rippen und Rückgrat des gestrandeten Sardinenfischerboots näherte, wurde durch eine gewisse Durchlässigkeit der Schwärze erkennbar, dass dieser Punkt vier Beine besaß. Und mit jedem Augenblick wurde klarer, dass er aus den Gestalten zweier junger Männer bestand. Auch zeugte die Art, wie sich ihre Umrisse vom Strand abhoben, von einer unverkennbaren Lebhaftigkeit, einem unbestimmbaren Schwung im, wenn auch nur schwachen, Vor und Zurück ihrer Körper, der darauf hindeutete, dass den winzigen Mündern in den kleinen Kugelköpfen eine heftige Diskussion entsprang. Erhärtet wurde dieser Eindruck bei genauerem Hinsehen durch das rhythmische Vorschnellen eines Spazierstocks rechter Hand. »Du willst mir also erzählen ... Glaubst du wirklich, dass ...«, so schien der Spazierstock rechter Hand neben den Wellen energisch vorzubringen, während er lange schnurgerade Striche in den Sand kerbte.

»Verdammt sei die Politik!«, tönte es deutlich von dem Umriss linker Hand, und während derlei Worte gesprochen wurden, gewannen die Münder, Nasen, Kinne, Schnurrbärtchen, Tweedmützen, Raulederstiefel, Jagdmäntel und karierten Socken der Sprechenden immer mehr an Deutlichkeit. Der Rauch ihrer Pfeifen stieg in die Luft. Auf meilenlanger, schier endloser Weite aus See und Sand gab es nichts Festeres, Lebendigeres, Härteres, Röteres, Haarigeres und Männlicheres als diese beiden Gestalten.

Neben den sechs Rippen und dem Rückgrat des schwarzen Fischerboots ließen sie sich in den Sand fallen. Man kennt das: wie der Körper einen Streit abzuschütteln und für eine gewisse Hitzigkeit um Entschuldigung zu bitten scheint, wie er im Sichfallenlassen, im Betonen seiner Schlaffheit die Bereitschaft ausdrückt, etwas Neues aufzugreifen – was immer sich eben gerade anbietet. Deswegen begann Charles, dessen Spazierstock rund einen Kilometer lang den Strand aufgeschlitzt hatte, flache Schiefersteine übers Wasser springen zu lassen, und John, der »Verdammt sei die Politik!« ausgerufen hatte, machte sich daran, seine Hand in den Sand zu bohren. Während er dabei immer tiefer kam, bis übers Handgelenk und noch weiter, sodass er den Ärmel ein Stück hochschieben musste, verließ die Eindringlichkeit oder vielmehr der Hintergrund aus Überlegung und Erfahrung, der erwachsenen Augen diese unergründliche Tiefe gibt, seinen Blick und hinterließ nichts als die klare, durchlässige, reines Staunen bekundende Oberfläche, die man von Kinderaugen kennt. Sicher hatte das Wühlen im Sand etwas damit zu tun. Er erinnerte sich daran, dass, wenn man erst einmal lange genug gegraben hat, sich zwischen den Fingerspitzen das Wasser sammelt. Aus dem Loch wird so wahlweise ein Burggraben, ein Brunnen, eine Quelle, ein Geheimgang zum Meer. Während er noch darüber nachdachte, wofür er sich entscheiden sollte, trafen seine Finger im Wasser auf etwas Hartes, schlossen sich um einen prallen Tropfen von etwas Festem, den sie aus seiner Position lösten und in Gestalt eines unregelmäßigen Brockens ans Tageslicht beförderten. Nachdem die Sandschicht abgerieben war, kam ein grünlicher Farbton zum Vorschein. Der Brocken war ein Stück Glas, so dick, dass man fast nicht hindurchsehen konnte. Das Meer hatte Ecken und Kanten so stark geglättet, dass unmöglich zu sagen war, ob es einst als Flasche, Becher oder Fensterscheibe gedient hatte. Er war reines Glas. Fast schon ein Edelstein. Man müsste ihn nur in Gold fassen oder mit einer Öse versehen, schon würde aus ihm ein Schmuckstück. Der Anhänger einer Halskette oder das mattgrüne Schimmern an einem Finger. Vielleicht war er sogar tatsächlich ein Edelstein, etwas, das eine dunkle Prinzessin im Heck eines Bootes getragen hatte, während sie, dem Gesang der Sklaven lauschend, die sie durch die Bucht ruderten, die Hand ins Wasser hängen ließ. Oder die Eichenwände einer versunkenen elisabethanischen Schatztruhe waren geborsten, und die Smaragde, immer wieder und wieder und wieder vom Wellengang überrollt, hatten schließlich den Strand erreicht. John drehte und wendete ihn, hielt ihn bald ins Licht, bald so, dass die unregelmäßige Form den Leib seines Freundes samt ausgestrecktem Arm verdeckte. Das Grün wurde blasser oder kräftiger, je nachdem, ob man es gegen den Himmel oder den Körper hielt. Das Glasstück gefiel ihm, verblüffte ihn. Es war so hart, so konzentriert, ein so fest umrissener Gegenstand im Vergleich zu der dunstigen See und der diesigen Küste.

Da störte ihn ein Seufzer – ein tiefer, abschließender, der ihm bewusst machte, dass sein Freund Charles alle flachen Steine in Reichweite geworfen hatte oder zu dem Schluss gelangt war, dass weiterzuwerfen sich nicht lohnte. Seite an Seite aßen sie ihre Sandwiches. Nachdem sie aufgegessen, die Krümel abgeschüttelt und sich erhoben hatten, nahm John wieder das Glasstück in die Hand und betrachtete es schweigend. Auch Charles betrachtete es. Doch er sah sofort, dass es nicht flach war, und während er seine Pfeife stopfte, sagte er mit dem Schwung, der einen törichten Gedankengang fortwischt:

»Was ich vorhin meinte –«

Er sah nicht, oder falls doch, so bemerkte er es wohl kaum, dass John, nachdem er das Glasstück noch einen Moment länger betrachtet hatte, es auf eine zögernde Art in die Tasche gleiten ließ. Auch dieser Impuls mag der eines Kindes gewesen sein, eines Kindes, das auf einer mit Kieselsteinen übersäten Straße einen von ihnen aufhebt, ihm ein Leben voll Wärme und Sicherheit auf dem Kaminsims seines Zimmers verspricht, sich dabei in dem Gefühl von Macht und Güte sonnt, das eine solche Tat mit sich bringt, und das Herz des Steins springen zu fühlen glaubt vor Freude darüber, sich unter Tausenden auserwählt zu sehen und statt eines Daseins in Kälte und Nässe auf der Chaussee dieser Glückseligkeit teilhaftig zu werden. »Wie schnell hätte es einer der Tausenden anderen Steine werden können? Aber nein, ich, ich, ich bin es geworden!«

Ob John dies nun dachte oder nicht, das Glasstück fand seinen Platz auf dem Kaminsims, wo es, schwer auf einem kleinen Stapel Rechnungen und Korrespondenz liegend, nicht nur einen hervorragenden Briefbeschwerer abgab, sondern auch dem von der Buchseite abschweifenden Blick des jungen Mannes als natürlicher Haltepunkt diente. Wird ein Gegenstand immer wieder halb unbewusst von einem Verstand wahrgenommen, der eigentlich an etwas anderes denkt, dann verschmilzt dieser Gegenstand so untrennbar mit dem Gedankenmaterial, dass er seine ursprüngliche Form verliert und sich, leicht verändert, neu zusammenfügt zu einem idealen Gebilde, das uns, wenn wir es am wenigsten erwarten, urplötzlich in den Sinn kommt. So fühlte sich John beim Spazierengehen auf einmal von Trödelläden angezogen, bloß weil etwas im Schaufenster ihn an das Glasstück erinnerte. Das konnte alles Mögliche sein, solange es nur ein mehr oder weniger runder Gegenstand war, der vielleicht eine ersterbende Flamme tief im Innern trug, alles Mögliche eben – Porzellan, Glas, Bernstein, Fels, Marmor – selbst das glatte Oval eines prähistorischen Vogeleis genügte. Auch gewöhnte John sich an, den Blick auf den Boden zu richten, besonders auf Brachflächen, wo die Haushalte sich ihres Abfalls entledigen. Dort gab es oft solche Gegenstände – verworfen, niemandem nützlich, unförmig, abgelegt. Binnen weniger Monate hatte er vier oder fünf Exemplare beisammen, die ihren Platz auf dem Kaminsims einnahmen. Dort waren sie auch wieder von Nutzen, denn ein Parlamentskandidat an der Schwelle zum Erfolg hat jede Menge Papiere in Ordnung zu halten – Wahlreden, Grundsatzerklärungen, Mitgliedschaftsangebote, Dinnereinladungen und so weiter.

Eines Tages, als John sich eilig von seiner Wohnung im Temple-Bezirk auf den Weg zum Zug machte, um zu einer Ansprache an seine Wähler zu fahren, blieb sein Blick an einem bemerkenswerten Gegenstand hängen, der halb versteckt auf einem dieser schmalen Rasenstreifen rings um die Grundmauern imposanter Gerichtsgebäude lag. Wegen des Zauns konnte John ihn nur mit der Spazierstockspitze erreichen. Trotzdem sah er sofort, dass es sich um ein höchst außergewöhnlich geformtes Stück Porzellan handelte, das am ehesten einem Seestern ähnelte, denn ob nun gestaltet oder durch Bruch, es wies fünf unregelmäßige, aber unverkennbare Spitzen auf. Der Farbdekor war hauptsächlich blau, doch über dem Blau lagen grüne Streifen oder Punkte, und einige blutrote Linien verliehen ihm satteste Intensität und herrlichsten Glanz. John war entschlossen, das Stück an sich zu bringen. Aber je mehr er herumstocherte, umso weiter entglitt es ihm. Letzten Endes musste er in seine Wohnung zurück und notdürftig einen Drahtring am Stockende befestigen, mit dem er, vermöge größter Vorsicht und Kunstfertigkeit, das Porzellanstück schließlich in Reichweite zog. Als er es ergriff, entfuhr ihm ein Jubelschrei. Im selben Moment schlug die Uhr. Es war ausgeschlossen, dass er seinen Termin würde einhalten können. Das Treffen fand ohne ihn statt. Doch wie war das Porzellanstück in diese einzigartige Form gebrochen? Eine eingehende Betrachtung ließ keinen Zweifel daran, dass seine Sternform durch Zufall entstanden und es daher so außergewöhnlich war, dass einem wohl kaum je ein zweites unterkäme. Wie ein Wesen aus einer anderen Welt sah es aus, dort am Rand des Kaminsimses, ganz gegenüber dem aus dem Sand gegrabenen Glasstück – kurios und verrückt wie ein Harlekin. Schien in Pirouetten durchs All zu tanzen, blinkend wie ein launenhafter Stern. Der Kontrast zwischen dem so lebendigen, munteren Porzellan und dem Glas, das so stumm und nachdenklich war, faszinierte John, und staunend, versonnen fragte er sich, wie die beiden auf derselben Welt, ja sogar im selben Zimmer auf demselben Stück Marmor existieren konnten. Die Frage blieb ohne Antwort.

Hiernach suchte John immer häufiger Orte und Plätze auf, die an zerbrochenem Porzellan besonders reich sind, wie etwa Brachflächen zwischen Gleisbetten, Abrissgrundstücke und Dorfanger in Londons Umgebung. Doch kaum je wird Porzellan aus großer Höhe geworfen, derlei ist eine Seltenheit unter den menschlichen Handlungen. Man muss zum einen ein ausreichend hohes Haus finden und zum anderen eine Frau, die heißblütig und rücksichtslos genug ist, um ihren Krug oder Topf ohne jedweden Gedanken an die Menschen unten aus dem Fenster zu schleudern. Zerbrochenes Porzellan gab es zuhauf, nur zeugte es eben nicht von Gestaltung und Vorsatz, sondern bloß von irgendeinem nichtigen Haushaltsunfall. Trotzdem staunte John oft, je eingehender er sich mit der Sache befasste, über die vielfältigen Formen, die allein schon in London zu finden waren, und die verschiedenen

Qualitäten und Muster boten sogar noch mehr Anlass zu Spekulation und Verwunderung. Die erlesensten Exemplare nahm er mit nach Hause und stellte sie auf den Kaminsims, wo ihre Bestimmung allerdings mehr und mehr dekorativer Natur war, weil die Papiere, die einer Beschwerung bedurften, rarer und rarer wurden.

Vielleicht vernachlässigte er seine Pflichten zu sehr, kam ihnen zu geistesabwesend nach, oder sein Kaminsims blieb den Wählern, die ihn besuchten, zu ungut in Erinnerung. Jedenfalls wählten sie ihn nicht zu ihrem Vertreter im Parlament, und als Charles, den das sehr mitnahm und der sich rasch auf den Weg machte, um dem Freund in dieser Katastrophe beizustehen, John in gänzlich ungerührtem Zustand vorfand, konnte er nichts anderes schlussfolgern, als dass etwas so Schwerwiegendes wohl nur allmählich verarbeitet wurde.

In Wahrheit war John an dem Tag nach Barnes gefahren und hatte dort auf dem Anger unter einem Ginsterbusch ein äußerst bemerkenswertes Stück Eisen gefunden, einen fast ebenso runden Klumpen wie das Glasstück, nur war das Eisenstück so kalt, massig, schwarz und metallisch, dass es sicher nicht von der Erde, sondern von einem toten Stern stammte oder gar selbst ein verkohlter Mond war. Schwer lag es John in der Tasche, schwer lag es oben auf dem Kamin, es strahlte Kälte aus. Trotzdem ruhte der Meteorit auf demselben Gesims wie der Glasklumpen und der Porzellanstern.

Während der junge Mann den Blick vom einen zum anderen schweifen ließ, packte ihn das Verlangen, noch prächtigere Gegenstände zu besitzen. Immer verbissener widmete er sich diesem Ziel. Wäre er nicht völlig vom Ehrgeiz und der Überzeugung eingenommen gewesen, dass er eines Tages mit einem Haufen noch gänzlich unberührten Schutts belohnt würde, hätten ihn die erlittenen Enttäuschungen, ganz zu schweigen von der Erschöpfung und dem Spott, sicher die Suche aufgeben lassen. Ausgerüstet mit einer Henkeltasche und einem langen Stab mit verstellbarem Haken, durchwühlte er jeden einzelnen Flecken Erde, harkte emsig unter verfilztem Gestrüpp, stöberte in sämtlichen Gassen und Häuserlücken, wo es, wie er gelernt hatte, oft derlei weggeworfene Gegenstände zu finden gab. Während seine Ansprüche stiegen, sein Geschmack sich an immer weniger erfreute, wuchs die Zahl der Enttäuschungen ins Unermessliche, doch stets lockte ein Schimmer Hoffnung, ein auf interessante Weise zerbrochenes oder gemustertes Stück Porzellan oder Glas ihn weiter vorwärts. So verging Tag um Tag. Er war nicht länger jung. Seine Karriere – also, seine politische – gehörte der Vergangenheit an. Die Leute gaben es auf, ihn zu besuchen. Er war zu schweigsam, als dass es sich gelohnt hätte, ihn zum Dinner einzuladen. Nie verlor er ein Wort über seine großen Ambitionen, weil das Verhalten der anderen deutlich bezeugte, wie wenig sie ihn verstanden.

Gerade lehnte er sich im Sessel zurück und beobachtete Charles dabei, wie er im Takt seiner Rede über das Tun der Regierung Dutzende Male die Gegenstände auf dem Kaminsims anhob und mit Nachdruck wieder absetzte, ohne ihnen auch nur die geringste Beachtung zu schenken.

»Sag mir die Wahrheit, John«, verlangte Charles plötzlich und drehte sich zu ihm um. »Warum hast du alles von heute auf morgen hingeworfen?«

»Ich habe nichts hingeworfen«, antwortete John.

»Aber dir bleibt doch nicht mal mehr der Hauch einer Chance«, erwiderte Charles schroff.

»Das sehe ich anders«, sagte John voller Überzeugung. Charles sah ihn an und fühlte sich äußerst unwohl. Ihn überkamen mächtige Zweifel und der ungute Eindruck, dass sie nicht über das Gleiche sprachen. Um seine schreckliche Niedergeschlagenheit zu vertreiben, ließ er den Blick durchs Zimmer wandern, doch die Unordnung deprimierte ihn noch umso mehr. Was hatte es mit diesem Stock und der abgewetzten Reisetasche dort an der Wand auf sich? Und mit all diesen Steinen? Als sein Blick schließlich Johns traf, erschreckte ihn etwas Starres und Fernes darin. Ihm wurde nur allzu bewusst, wie sehr es außer Frage stand, dass dieser Mann eine Rednerbühne auch nur betrat.

»Hübsche Steine«, sagte er so fröhlich, wie er konnte. Und mit dem Hinweis, dass er eine Verabredung habe, verließ er John – für immer.

Dieses Unglück allein reichte aus, dass der Blick einem über den Zeitungsrand glitt und sich auf das Gesicht dieser armen Frau richtete, ein Gesicht, das ohne jenes Unglück nichtssagend war, mit ihm aber nahezu ein Symbol menschlichen Schicksals. Das Leben ist, was sich in den Augen der Menschen zeigt. Das Leben ist, was sie lernen und wessen sie sich, sobald sie es gelernt haben und obgleich sie es zu überspielen trachten, stets bewusst sind. Was das sein soll? Dass das Leben nun einmal so ist, vermutlich. Dort gegenüber fünf Gesichter – erwachsene Gesichter – und in jedem von ihnen das Wissen. Schon sonderbar, wie sehr die Leute sich mühen, es zu verbergen! Wo man hinblickte, Zeichen der Reserviertheit: geschlossene Lippen, beschirmte Augen, ein jeder mit etwas beschäftigt, das das Wissen abstumpfte oder überdeckte. Die eine raucht, der Nächste liest, die Dritte prüft Einträge in einem Notizbuch, der Vierte starrt auf die gerahmte Zugstreckenkarte an der Wand und die Fünfte – das Fürchterliche an der Fünften ist, dass sie gar nichts tut. Nur das Leben ansieht. Ach, aber Sie arme Unglückliche, spielen Sie das Spiel mit – zu unser aller Wohl, verbergen Sie das Wissen!

Als ob sie mich gehört hätte, sah sie auf, regte sich leicht auf ihrem Sitz und seufzte. Sie schien sich gleichzeitig zu entschuldigen und zu sagen: »Wenn Sie wüssten!« Dann sah sie wieder das Leben an. »Aber ich weiß es doch«, versetzte ich lautlos und senkte aus Höflichkeit den Blick in die *Times*. »Ich weiß das alles. ›Deutschland und die Alliierten schlossen gestern Frieden in Paris – der italienische Regierungschef Signor Nitti – in Doncaster kollidierten ein Passagier- und ein Güterzug ...‹ Wir wissen es alle – die *Times* weiß es –, wir geben nur vor, wir wüssten nichts.« Erneut war mein Blick über den Rand des Papiers gewandert. Sie fröstelte, griff sich jäh in einer seltsamen Bewegung an den Rücken und schüttelte den Kopf. Da tauchte ich zurück in mein großes Lebensbecken. »Egal was«, fuhr ich fort, »Geburten, Tode, Hochzeiten, Hofrundschreiben, die Verhaltensweisen der Vögel, Leonardo da Vinci, der Sandhills-Mord, Löhne und Lebenshaltungskosten – egal was«, wiederholte ich, »es steht alles in der *Times*!« Aufs Neue schüttelte sie über die Maßen ermattet den Kopf, bis er ihr wie ein müde gewordener Spielzeugkreisel in den Nacken fiel.

Die *Times* bot keinen Schutz gegen ein Leid wie das ihre. Doch die Gegenwart anderer Menschen verbot ein Gespräch. Am ehesten blieb einem noch, die Zeitung in ein perfektes, straffes, kompaktes Quadrat zu falten, in das selbst das Leben nicht eindringen konnte. Als dies getan war, blickte ich hinter meinem nun schützend erhobenen Schild flüchtig auf. Sie durchbohrte ihn, starrte mir in die Augen, als wollte sie jedes Stäubchen Mut in deren Tiefen zu Lehm verklumpen. Ihr leichtes Zucken reichte schon, um alle Hoffnung abzutun, alle Illusion zu entwerten.

So ratterten wir durch Surrey und über die Grenze nach Sussex. Weil aber auch ich jetzt den Blick auf das Leben richtete, bemerkte ich gar nicht, dass die anderen Reisenden einer nach dem anderen ausgestiegen waren, sodass, abgesehen von dem Leser, nur noch wir zwei im Abteil saßen. Nächste Station: Three Bridges. Langsam rollten wir in den Bahnhof und blieben stehen. Würde der Leser uns hier verlassen? Ich betete für beides – und schließlich dafür, dass er blieb. Im selben Moment fuhr er hoch, zerknüllte verächtlich seine Zeitung wie etwas endlich Erledigtes, riss die Tür auf und ließ uns allein.

Die Unglückliche lehnte sich, blass, farblos, ein Stück vor und sprach mich an – sprach von Bahnstationen und Ferien, von Brüdern in Eastbourne und der Jahreszeit, die, ich weiß nicht mehr, eine frühe war oder eine späte. Doch als sie schließlich aus dem Fenster schaute und, wie ich wusste, nichts als das Leben sah, seufzte sie: »Fernbleiben, das ist der Nachteil daran ...« Ah, wir näherten uns der Katastrophe. »Meine Schwägerin«, die Bitterkeit in ihrer Stimme war wie Zitrone auf kaltem Stahl, und sie murmelte nicht mir, sondern sich selbst zu: »Unsinn, würde sie sagen – das sagen sie alle«, und zuckte dabei mit dem Rücken, als steckte sie in der Haut eines gerupften Vogels im Geflügelhändlerschaufenster.

»Oh, diese Kuh!«, rief sie so hastig, als hätte der jähe Anblick der großen Holzkuh auf der Weide sie gerade noch rechtzeitig von einer Taktlosigkeit abgehalten. Sie schüttelte sich, machte die gleiche ungelenk-linkische Bewegung wie zuvor – so als würde nach dem Schauder eine Stelle zwischen den Schulterblättern brennen oder jucken – und sah dann wieder wie die unglücklichste Frau der Welt aus, was ich ihr abermals übel nahm, allerdings nun weniger überzeugt, denn falls es einen Grund gäbe und ich ihn erführe, wäre dem Leben das Stigma fortgenommen.

»Schwägerinnen –«, setzte ich an.

Wie um das Wort mit Gift zu bespucken, schürzte sie die Lippen und ließ sie dann so. Wortlos nahm sie ihren Handschuh, lehnte sich vor und rieb derart verbissen an einem Fleck auf der Fensterscheibe herum, als gälte es, etwas für alle Zeit auszulöschen – einen Schmutz, eine unumkehrbare Verunreinigung. Und tatsächlich blieb trotz all ihrer Rubbelei der Fleck, wo er war, und unter dem vom Griff an den Rücken gefolgten Schauder, den ich zu erwarten gelernt hatte, lehnte sie sich wieder zurück. Irgendetwas trieb mich dazu, dass nun ich einen Handschuh aufnahm und an meinem Fenster zu reiben begann. Denn auch dort saß ein kleiner Fleck auf der Scheibe. Auch er blieb trotz aller Rubbelei, wo er war. Und dann durchfuhr mich der Schauder. Ich beugte den Arm und griff mir an den Rücken. Auch meine Haut fühlte sich an wie die klamme Hühnerhaut in der Auslage des Geflügelhändlers. Eine Stelle zwischen den Schulterblättern juckte und störte, schien feuchtkalt und wund. Konnte ich sie erreichen? Verstohlen versuchte ich es. Sie ertappte mich. Ein maßlos ironisches, maßlos leidvolles Lächeln huschte über ihr Gesicht. Doch sie hatte schon gesprochen, ihr Geheimnis schon geteilt, ihr Gift schon weitergegeben, sie würde nichts weiter sagen. Während ich mich in meine Nische drückte, meine Augen gegen die ihren beschirmte und nur noch die Hügel und Senken, die Grau- und Violetttöne der Winterlandschaft sah, las ich unter ihrem Blick ihre Botschaft, entschlüsselte ihr Geheimnis.

Hilda heißt die Schwägerin. Hilda? Hilda? Hilda Marsh, Hilda die Blühende, die Vollbusige, die Matronenhafte. Hilda steht, als die Kutsche hält, an der Tür, in der Hand eine Münze. »Arme Minnie, einer Heuschrecke von Tag zu Tag ähnlicher – im gleichen alten Mantel wie letztes Jahr. Tja, nun, mehr ist heutzutage mit zwei Kindern nicht drin. Lass mal, Minnie, ich mach das schon. Hier, bitte sehr, Kutscher, nein, das zieht bei mir nicht. Rein mit dir,

Minnie. Ach was, ich könnte ja sogar dich tragen, also her mit dem Korb!« So gehen sie ins Esszimmer. »Kinder, hier ist Tante Minnie.«

Zögernd senken sich Messer und Gabeln. Beide (Bob und Barbara) rutschen vom Stuhl und strecken hölzern die Hand hin. Dann zurück an den Tisch und zwischen den wiederaufgenommenen Bissen vor sich hin starren. [Wir überspringen: Zierrat, Vorhänge, Porzellanteller mit Kleeblattmuster, gelbe Käserechtecke, weiße Keksquadrate, überspringen, oh, aber Moment! Mitten beim Essen einer dieser Schauder. Bob, mit dem Löffel im Mund, starrt sie an. »Iss deinen Pudding auf, Bob.« Doch Hilda missfällt's. »Warum zuckt sie so?« Das überspringen wir, das auch, bis wir oben im Flur ankommen. Messinggefasste Stufen. Abgetretenes Linoleum. Aber ja, von der kleinen Schlafkammer aus blickt man weit über Eastbourne! Ein Auf und Ab von Dächern wie stachlige Raupen, bald hierhin, bald dorthin kriechend, rot-gelb gestreift mit blauschwarzer Schieferdeckung.] Jetzt, Minnie, ist die Tür zu. Hilda geht schwerfällig die Treppe hinunter. Du öffnest die Korbschnallen, legst ein dürftiges Nachthemd aufs Bett, stellst einen Kunstpelzpantoffel neben den anderen. Der Spiegel – nein, den meidest du. Methodisches Ablegen der Hutnadeln. Ist vielleicht etwas in der Muscheldose? Du schüttelst sie. Der Perlenstecker, wie letztes Jahr, sonst nichts.

Dann schniefen, seufzen, sich ans Fenster setzen. Drei Uhr an einem Dezembernachmittag. Nieselregen. Drunten ein Licht aus dem Dachfenster eines Textilwarenkaufhauses. Ein anderes droben in einem Dienstbotenzimmer – dieses erlischt. So bleibt ihr nichts mehr zum Anschauen. Die Leere eines Augenblicks, dann: Woran denkst du? (Ich linse ums Eck, dass ich sie von vorn sehe. Schläft sie oder tut sie nur so? Woran also würde sie nachmittags um drei am Fenster sitzend denken? An Gesundheit, Geld, Rechnungen, ihren Gott?) Tatsächlich, während Minnie Marsh auf der äußersten Stuhlkante sitzt und über die Dächer Eastbournes blickt, betet sie zu Gott. Schön und gut. Vielleicht reibt sie auch an der Fensterscheibe, wie um Gott besser zu sehen. Doch welchen Gott sieht sie? Wer ist der Gott der Minnie Marsh, der Gott der Hinterhöfe Eastbournes, der Gott des Drei-Uhr-Nachmittags? Auch ich sehe Dächer, den Himmel, aber o weh, dieses Göttersehen! Eher Präsident Kruger als Prinz Albert – mehr kann ich nicht für ihn tun. Ich sehe ihn auf einem Stuhl, eher sitzend als thronend, im schwarzen Gehrock. Eine Wolke oder zwei als Sitzpolster bekomme ich auch noch hin. Und in der Hand, die zwischen Dunstfetzen baumelt, hält er einen Stock, einen Knüppel, richtig? Einen Knüppel, schwarz, dick, dornig. Minnies Gott ist ein brutaler Schinder! Hat er das Jucken, das Zucken und Drücken geschickt? Betet sie deswegen? Es ist der Schmutzfleck der Sünde, an dem sie am Fenster herumreibt. Oh, sie hat ein Verbrechen begangen!

An Verbrechen besteht reiche Auswahl. Im Sommer, wenn es im Wald sirrt und flirrt, stehen dort Glockenblumen. Und dort auf der Lichtung, im Frühling, die Primeln. Ein Abschied, richtig? Vor zwanzig Jahren? Gebrochene Schwüre? Nicht Minnies! Sie war treu. Wie sie ihre Mutter pflegte! Alle Ersparnisse für die Grabsteine. Kränze unter Glas. Narzissen in Krügen. Doch ich schweife ab. Ein Verbrechen … Sie würden sagen, sie könne ihre Trauer nicht loslassen, verdränge ihr Geheimnis – ihr Geschlecht, das würden die Experten sagen. Doch was für ein Humbug, ihr das Thema Geschlecht aufzubürden! Nein, eher so: Als sie vor zwanzig Jahren durch die Straßen von Croydon geht, fallen ihr im Schaufenster eines Textilgeschäfts die violetten, im elektrischen Licht schillernden Haarschleifen ins Auge. Sie zögert, schon nach sechs. Aber wenn sie anschließend nach Hause rennt, kann sie es noch schaffen. Sie schiebt sich durch die gläserne Schwingtür. Gerade ist Schlussverkauf. Die Auslagen quellen von Haarschleifen über. Sie bleibt stehen, zupft an dieser, befühlt jene mit den aufgestickten Rosen. Sie muss sich nicht entscheiden, muss nichts kaufen, und jede Auslage birgt neue Überraschungen. »Wir schließen erst um sieben.« Und dann ist es sieben.

Sie hastet, sie hetzt, erreicht das Zuhause, doch zu spät. Die Nachbarn, der Arzt, ihr kleiner Bruder, der Teekessel, verbrüht, Krankenhaus, tot. Oder bloß der Schreck, die Schuld? Ach, die Details sind unwichtig! Das jedenfalls trägt sie mit sich. Den Fleck, das Verbrechen, das zu Sühnende, stets dort zwischen ihren Schulterblättern. »Ja«, scheint sie mir zuzunicken. »Das habe ich getan.«

Ob du es oder was du getan hast, ist mir gleich. Darum geht es mir nicht. Das Schaufenster voller Haarschleifen in Violett – das genügt schon. Ein bisschen billig vielleicht, ein bisschen gewöhnlich, wenn man die reiche Auswahl an Verbrechen bedenkt, doch es sind so viele (noch einmal ums Eck linsen – schläft immer noch oder tut so! – blass, erschöpft, der Mund geschlossen, etwas Eigensinn, mehr, als man denken würde, kein Anzeichen von Geschlechtlichkeit), so viele Verbrechen sind nicht deine, deines war billig, weihevoll nur die Strafe. Denn jetzt öffnet sich die Kirchentür, die harte Betbank empfängt sie, sie kniet auf den braunen Fliesen und – jeden Tag, winters, sommers, abends, morgens (und jetzt gerade) – betet. Und stetig fallen, fallen, fallen ihre Sünden. Auf den Fleck, auf die erhabene, rote, brennende Stelle. Da zuckt sie zusammen. Kleine Jungs zeigen mit dem Finger. »Wie Bob heute beim Essen.« Aber ältere Frauen sind am schlimmsten.

Apropos, du musst jetzt aufhören mit Beten. Präsident Kruger ist in den Wolken versunken – wie verwässert vom Grau eines Aquarellpinsels, mit einem Klecks Schwarz, denn jetzt ist auch die Spitze des Knüppels fort. So läuft es jedes Mal! Kaum hast du ihn erblickt, ihn erspürt, da unterbricht jemand. Diesmal Hilda.

Wie sehr du sie hasst! Sogar die Badtür schließt sie zur Schlafenszeit ab, obwohl du nur kaltes Wasser willst, und manchmal, in einer schlimmen Nacht, scheint Waschen zu helfen. Und beim Frühstück: John, die Kinder, die Mahlzeiten sind am schlimmsten, und manchmal sind auch noch Freunde da. Die Farne verstecken sie nur teilweise. Auch sie fragen sich. Hinaus gehst du also, vorn entlang, wo die Wellen grau sind und die Papierfetzen wehen, zu den zugigen grünen Glasunterständen, wo die Stühle zwei Pence kosten – zu viel –, denn es muss doch Prediger geben auf dem Strand. Ah, dort, der schwarze Vogelverkäufer, ein komischer Mann, mit seinen Sittichen – arme kleine Dinger! Denkt hier niemand an Gott? Gleich dort oben, überm Pier, mit seinem Knüppel, aber nein, nichts als grau, dieser Himmel, oder wenn blau, dann sind es die weißen Wolken, die Gott verbergen – und die Musik, Militärmusik, und wonach sie wohl angeln? Fangen sie etwas? Wie die Kinder starren! Nun gut, dann hinten entlang nach Hause. »Hinten entlang nach Hause!« Die Worte tragen Bedeutung, könnten von dem alten Mann mit dem Backenbart gesprochen worden sein. Wobei, nein, er sagte eigentlich nichts. Trotzdem hat alles Bedeutung. Die Werbetafeln an den Eingängen, die Namen über den Schaufenstern, die roten Früchte in den Körben, die Frauenköpfe beim Friseur – sie alle rufen: »Minnie Marsh!« Doch plötzlich ein Ruck. »Eier sind billiger!« So läuft es jedes Mal! Ich hatte sie schon bis zum Wasserfall gebracht, geradewegs gen Wahnsinn geführt, da dreht sie sie sich um und schlüpft mir wie eine Herde Traumschafe durch die Finger. Eier sind billiger. An die Küsten der Welt gepflockt erhält meine arme Minnie Marsh keins der Verbrechen, keine der Qualen, der Ekstasen, der Wahnsinnigkeiten. Nie zu spät beim Mittagessen, nie ohne Regenmantel vom Unwetter überrascht, nie gänzlich unberührt von dem Wissen, wie billig Eier sind. So kehrt sie heim, kratzt sich die Stiefel ab.

Habe ich dich richtig gelesen? Doch das Menschengesicht – das Menschengesicht über dem prall gefüllten Druckbogen enthält mehr, hält mehr zurück. Jetzt, mit offenen Augen, blickt sie nach draußen. Und im Menschenauge – wie soll man's beschreiben? – steckt ein Bruch, eine Teilung, sodass, kaum hat man den Stängel ergriffen, der Schmetterling fortfliegt, der Nachtfalter, der in den Abendstunden über der gelben Blüte schwebt. Bewegt man sich, hebt die Hand, fort ist er, auf, entflogen. Ich werde nicht die Hand heben. Schweb also still, du Zittern, Leben, Seele, Geist oder was immer der Minnie Marsh – auch ich auf meiner Blüte – der Falke über dem Hügelland – allein, oder was wäre der Wert des Lebens? Emporzusteigen, still in den Abendstunden zu schweben, in den Mittagsstunden, still über dem Hügelland. Eine Hand regt sich – auf, fort! –, dann wieder in Schwebe. Allein, ungesehen, es sieht alles so still aus dort unten, alles so freundlich. Keiner sieht's, keinen kümmert's. Die Augen der anderen unser Gefängnis, ihre Gedanken unser Käfig. Luft oben, Luft unten. Und der Mond und Unsterblichkeit ... Aber, oh, ich falle ins Gras. Bist auch du gefallen, du da in der Nische, wie heißt du, Frau? Minnie Marsh? So in der Richtung? Da sitzt sie, fest auf ihrer Blüte, macht ihre Handtasche auf und entnimmt ihr eine hohle Schale, ein Ei – wer sagte gleich, dass Eier billiger sind? Du oder ich? Ah, du sagtest es auf dem Heimweg, du weißt schon, als der alte Herr plötzlich seinen Schirm aufspannte – oder nieste, richtig? Jedenfalls verschwand Kruger, du gingst »hinten entlang nach Hause« und kratztest deine Stiefel ab. Genau. Und jetzt breitest du ein Taschentuch über deine Knie und lässt kleine Eierschalenstückchen hineinfallen, Landkartenstückchen, ein Puzzle. Ich wünschte, ich könnte es zusammensetzen! Wenn du nur stillsitzen würdest. Sie hat die

Knie bewegt, die Karte ist hin. Die Hänge der Anden hinab hüpfen und kollern die weißen Marmorblöcke, erschlagen einen ganzen Trupp spanischer Maultiertreiber samt Geleit und Ladung – Drakes Beute, Gold und Silber. Doch zurück zum Thema.

Zu welchem, zu wem? Sie machte die Tür auf, stellte den Schirm zurück – das versteht sich von selbst. Ebenso der Rindsfleischgeruch von unten, Punkt, Punkt, Punkt. Was ich hingegen nicht übergehen kann, was ich, mit gesenktem Kopf, geschlossenen Augen, dem Mut eines ganzen Bataillons und der blinden Raserei eines Stiers aufs Korn nehmen muss, das sind zweifellos die Gestalten hinter dem Farn, die Handelsreisenden. Da habe ich sie die ganze Zeit in der Hoffnung versteckt, dass sie irgendwie verschwänden oder, noch besser, in Erscheinung träten, was sie schließlich tun müssen, wenn die Handlung, wie es sich für eine Geschichte gehört, an Reichtum und Rundheit, Schicksalhaftigkeit und Tragik zunehmen und dabei zwei, wenn nicht drei Handelsreisende und einen ganzen Hain Schusterpalmen mitreißen soll. »Die Schusterpalmblätter verdeckten den Handelsreisenden nur zum Teil …« Rhododendren verbärgen ihn vollständig und verschafften mir außerdem meine Liaison aus Rot und Weiß, für die ich einfach alles tue. Doch Rhododendren in Eastbourne, im Dezember, auf dem Tisch der Marshs? Nein, nein, das wage ich nicht. Stattdessen: Graubrotrinde, Essigkännchen, Tischtuchfalten, Farnbüschel. Vielleicht ergibt sich später am Strand eine Gelegenheit. Außerdem drängt es mich, fröhlich durch das grüne Schnitzgitter hindurch und über den Schutzwall aus geschliffenem Glas hinweg den Mann gegenüber zu beäugen – nur den einen, mehr schaffe ich nicht. James Moggridge, oder? Den die Marshs Jimmy nennen? [Minnie, versprich mir, nicht mehr zu zucken, bis ich das hier richtig hinbekommen habe.] James Moggridge handelsreist mit – sollen wir sagen, Knöpfen? Doch es ist noch zu früh, um diese ins Spiel zu bringen, die kleinen und die großen auf ihren Kartonstreifen, die pfauenäugigen, die mattgoldenen, die aus Rauchquarz, die aus Koralle – noch zu früh, sage ich. Er handelsreist, und donnerstags, an seinem Eastbourne-Tag, speist er bei den Marshs. Sein rotes Gesicht, seine reglosen Äuglein – alles andere als gewöhnlich –, sein enormer Appetit (so viel steht fest, er wird Minnie nicht ansehen, ehe das Brot diesen Soßensumpf trockengelegt hat), im Kragen klemmt die Serviettenraute – doch das alles ist banal, und was es auch mit dem Leser macht, mich täuscht es nicht. Weichen wir auf den Moggridge-Haushalt aus und bringen den in Gang. Nun, sonntags flickt James höchstpersönlich die Stiefel der Familie. Er liest die *Truth*. Seine Leidenschaft? Rosen – und seine Frau, eine verrentete

Krankenschwester – interessant – um Himmels willen, man gönne mir eine Frau, deren Namen ich mag! Aber nein, sie gehört zu den ungeborenen Kindern des Geistes, unerlaubt und doch geliebt, so wie meine Rhododendren. Wie viele sterben beim Schreiben eines Romans – die Besten, die Liebsten –, während Moggridge lebt. Daran ist das Leben schuld. Hier nun sitzt Minnie und isst ihr Ei, während sich am Ende der Strecke – sind wir schon an Lewes vorbei? – Jimmy befinden muss. Oder weswegen sonst zuckt sie?

Es muss Moggridge geben – das Leben, diese Tyrannin, ist schuld. Sie zwingt ihre Regeln auf, sie versperrt den Weg, sie steckt hinter dem Farn. Das Leben ist die Tyrannin, oh, nicht der Schinder! Denn so viel kann ich versichern, ich komme freiwillig, gelockt von weiß der Himmel welchem Drang, über Farne und Essigkännchen, fleckige Tische und schmierige Flaschen. Unwiderstehlich zieht es mich zu dem festen Fleisch, auf dass ich mich darin einniste, in dem robusten Rückgrat, wo immer ich eindringen oder in der Person Fuß fassen kann, in der Seele des Menschen Moggridge. Welch feste Faser, ein Rückgrat so stark wie Walbein, aufrecht wie eine Eiche, die Rippen gespreizte Äste, das Fleisch aufgespanntes Ölzeug, die roten Höhlen, das Pulsieren und Pumpen des Herzens, während von oben die Rinderstücke in braunen Würfeln herabfallen und das Bier herabstürzt, um wieder zu Blut gerührt zu werden – so erreichen wir die Augen. Hinter der Schusterpalme erblicken sie etwas: schwarz, weiß, trist, jetzt wieder den Teller. Hinter der Schusterpalme erblicken sie eine ältere Frau. »Marshs Schwester. Hilda ist eher mein Fall.« Jetzt das Tischtuch. »Marsh weiß bestimmt, was bei den Morrises los ist …«, besprich das, der Käse ist da, zurück zum Teller, zurechtrücken, riesige Finger, jetzt die Frau gegenüber. »Marshs Schwester – kein bisschen wie Marsh, klägliches, ältliches Weib … Hühnchen sollte man ordentlich füttern … Gute Güte, warum dieses Zucken? Doch nicht wegen dem, was ich gesagt habe? Na, na, na! Diese älteren Frauen. Na, na!«

[Ja, Minnie, ich weiß, dass du gezuckt hast, aber gedulde dich. Denn – James Moggridge.]

»Na, na, na!« Wie schön das klingt! Wie ein Hammer auf gereiftem Holz, wie der Herzschlag eines uralten Walfängers, wenn die See schwer ist und das Grün hinter Wolken verschwunden. »Na, na!« – die rechten Todesglocken für die Seelen der Reizbaren, sie zu trösten, sie zu beruhigen, sie in Leinen zu wickeln: »Leben Sie wohl. Alles Gute!« Und dann: »Was darf ich Ihnen bringen?« Denn obwohl Moggridge seine Rose für sie pflücken würde, so ist das doch vorüber, vorbei. Was als Nächstes? »Madam, Sie werden Ihren Zug verpassen«, denn die warten nicht.

Das ist typisch Mann. Das ist, was widerhallt, das ist St. Paul's und die Omnibusse. Doch wir klopfen uns die Krümel ab. Ach, Moggridge, bleibst du nicht noch? Musst du los? Fährst du heute Nachmittag in einer dieser kleinen Kutschen durch Eastbourne? Bist du der Mann hinter Wänden aus grünem Karton, der mal die Blende herunterzieht, mal so ernst wie eine Sphinx vor sich hin starrt, der jedenfalls immer ein wenig nach Friedhof aussieht, nach Bestatter, nach Sarg und nach Abenddämmer um Pferd und Kutscher? Sag mir – doch die Tür knallt. Wir werden uns nie wiedersehen. Moggridge, leb wohl!

Ja doch, ich komme schon. Rasch hinauf unters Dach. Nur einen Augenblick noch verweilen. Wie viel Schlamm im Geist aufwirbelt, welch einen Aufruhr diese Ungeheuer hinterlassen: Wellen, wogende Wasserpflanzen, hier schlägt Grün, dort Schwarz auf den Sand, bis die Atome sich langsam neu ordnen, die Sedimente sich ablagern und man wieder klar, wieder ruhig aus den Augen blickt und ein Gebet für die Gegangenen auf den Lippen trägt, einen Trauergesang für die Seelen jener, denen man zunickt, jener, die man niemals wiedertrifft.

James Moggridge ist nun also tot, fort für immer. Und Minnie: »Ich kann das nicht länger mit ansehen.« Falls sie das gesagt hat. (Ich mustere sie kurz. Gerade fegt sie die Eierschalen in tiefe Abgründe.) Sie hat es gewiss gesagt, an die Schlafkammerwand gelehnt und an den kleinen Pompons des weinroten Vorhangs zupfend. Doch wenn das Ich zum Ich spricht, wer spricht dann? – Die begrabene Seele, der hinab und hinein in die tiefste Katakombe getriebene Geist, das Ich, das den Schleier nahm und der Welt entsagte – ein Feigling vielleicht, doch auch schön anzusehen, wie es da ruhelos mit seiner Laterne die dunklen Flure auf und ab huscht. »Ich halte das nicht länger aus«, sagt der Geist. »Dieser Mann beim Lunch, Hilda, die Kinder.« O Himmel, wie sie schluchzt! Da beweint der Geist sein Schicksal, der hierhin und dorthin getriebene, der auf den fadenscheinigen Teppichen haust, auf dürftigem Halt, auf den mürben Fetzen der schwindenden Welt – Liebe, Leben, Glaube, Ehemann, Kinder und ich weiß nicht, was ihre Mädchentage sonst noch an Glanz und an Pracht verhießen. »Nicht für mich, nicht für mich.«

Andererseits: die Küchlein, der kahlköpfige alte Hund? Perlendeckchen, kann ich mir vorstellen, und die Tröstlichkeit von Unterwäsche. Sollte Minnie Marsh überfahren und ins Krankenhaus gebracht werden, würden selbst Schwestern und Ärzte ausrufen … Dort ist der Ausblick, der Weitblick, dort ist die Ferne, der blaue Klecks am Ende der Allee, während doch der Tee aromatisch ist, das Küchlein noch warm und der Hund – »Benny, ab ins Körbchen, der Herr, und guck, was Frauchen dir mitgebracht hat!« Indem du also den Handschuh mit dem aufgescheuerten Daumen hernimmst, indem du abermals dem übergriffigen Dämon des In-Löchern-Herumlaufens trotzt, erneuerst du die Festung, verwebst du die graue Wolle, auf und ab.

Auf und ab, hin und her, so webst du ein Netz, das Gott selbst – psst, denk nicht an Gott! Wie fest die Fäden sitzen! Du musst stolz sein auf deine Stopfarbeit. Möge nichts sie stören. Möge das Licht sanft auf sie fallen, mögen die Wolken ein Leibchen aus erstem Blattgrün sehen lassen. Möge der Sperling sich auf den Zweig hocken und den Regentropfen an dessen Ellbogen abschütteln … Warum aufblicken? War da ein Geräusch, ein Gedanke? O Himmel! Zurück zu dem, was du getan hast, zu dem Fenster mit den violetten Schleifen? Aber Hilda ist gleich da. O Schmach, o Schande! Verschließ den Riss.

Nachdem Minnie Marsh ihren Handschuh gestopft hat, legt sie ihn in die Schublade. Und schiebt sie mit Entschlossenheit zu. Im Spiegel erhasche ich einen Blick auf ihr Gesicht. Geschürzte Lippen. Gerecktes Kinn. Als Nächstes schnürt sie ihre Schuhe. Dann fasst sie sich an die Kehle. Was ist das für eine Brosche? Mistelzweig oder Wunschknochen? Und was passiert hier? Wenn ich mich nicht sehr irre, ist der Puls beschleunigt, der Augenblick naht, die Fäden fliegen, Niagara voraus. Hier ist die Krise! Gott sei mit dir! Hinunter geht's. Mut, nur Mut! Wappne dich, stell dich! Um Himmels willen, jetzt drück dich nicht auf der Matte herum! Da ist die Tür! Ich bin auf deiner Seite. Sprich! Stell sie zur Rede, zum Teufel mit ihrer Seele!

»Oh, Entschuldigung! Ja, hier ist Eastbourne. Ich reiche ihn Ihnen herunter. Lassen Sie nur.« [Aber, Minnie, wenngleich wir den Schein auch aufrechterhalten, ich habe dich richtig gelesen – ich bin jetzt bei dir.]

»Haben Sie auch alles?«

»Ganz sicher. Vielen Dank.«

(Doch warum blickst du um dich? Hilda wird nicht zum Bahnhof kommen, John auch nicht. Und Moggridge fährt gerade aus Eastbourne hinaus.)

»Ich werde bei meinen Sachen warten, Ma'am, das ist am sichersten. Er sagte, wir treffen uns … Oh, da ist er ja! Das ist mein Sohn.«

So gingen sie davon.

Tja, also jetzt bin ich verwirrt … Minnie, das weißt du doch besser! Ein fremder junger Mann … Stopp! Ich sage es ihm – Minnie! – Miss Marsh! – obwohl, ich weiß nicht recht. Ihr aufwehender Mantel hat etwas Seltsames. Ach, aber das stimmt doch so nicht. Das ist doch unanständig … Wie der Fremde sich neigt, als sie den Ausgang erreichen. Jetzt hat sie ihren Fahrschein gefunden. Was ist so witzig? Weiter gehen sie, die Straße hinunter, Seite an Seite … Tja, meine Welt ist dahin! Wo stehe ich jetzt? Was weiß ich jetzt? Das dort ist nicht Minnie. Es gab nie einen Moggridge. Wer bin ich? Das Leben bloßgelegt bis auf die Knochen.

Und doch, mein letzter Blick auf die beiden – auf ihn, der vom Bordstein tritt, und sie, die ihm um die Ecke des großen Gebäudes folgt – erfüllt mich mit Neugier, umspült mich von Neuem. Rätselhafte Gestalten! Mutter und Sohn. Wer seid ihr? Warum geht ihr die Straße hinunter? Wo werdet ihr heute Nacht schlafen, und morgen? Oh, wie es wirbelt und flutet, mich aufschwimmen lässt! Ich jage ihnen nach. Menschen strömen hierhin und dorthin. Weißes Licht regnet spritzend herab. Schaufenster. Nelken, Chrysanthemen. Efeu in dunklen Gärten. Milchkarren vorm Haus. Wo ich auch hingehe, ihr rätselhaften Gestalten, sehe ich euch um die Ecke biegen, Mütter und Söhne, euch, ja, euch. Ich eile, ich folge. Das hier muss wohl das Meer sein. Grau ist die Landschaft, matt wie Asche, das Wasser raunt und rollt. Wenn ich auf die Knie falle, das Ritual vollziehe, die uralten Possen, dann seid ihr's, unbekannte Gestalten, ihr seid's, die ich verehre. Wenn ich die Arme ausbreite, dann bist du's, die ich umschlinge, du bist's, die ich an mich drücke – anbetungswürdige Welt!

Ein Geisterhaus

Ganz gleich zu welcher Stunde man erwachte, immer schloss sich gerade irgendwo eine Tür. Von Zimmer zu Zimmer wandelten sie, Hand in Hand, hoben hier etwas an, machten dort etwas auf, vergewisserten sich – ein Geisterpaar.

»Hier haben wir es gelassen«, sagte sie. Und er: »Hier aber auch!« »Es muss oben sein«, murmelte sie. »Und im Garten«, flüsterte er. »Leise«, sagten beide, »sonst wecken wir sie noch.«

Aber ihr wecktet uns nicht. Weit gefehlt. »Sie suchen schon wieder. Da, sie ziehen am Vorhang«, so sagte man vielleicht und las darauf ein oder zwei Seiten weiter. »Jetzt haben sie es gefunden«, war man sich sicher und hielt beim Notieren am Seitenrand inne. Dann schließlich, des Lesens müde, mochte man aufstehen, um sich selbst ein Bild zu machen – das Haus leer, alle Türen offen, nur das zufriedene Gurren der Ringeltauben und das ferne Dröhnen der Dreschmaschine vom Gehöft. »Warum bin ich hergekommen? Wonach wollte ich suchen?« In meinen Händen: nichts. »Vielleicht oben?« Auf dem Dachboden lagen die Äpfel. Also wieder hinunter, im Garten weiterhin alles still, nur das Buch war ins Gras gefallen.

Doch im Wohnzimmer hatten sie es gefunden. Nicht dass man sie je zu Gesicht bekam. In den

Fensterscheiben spiegelten sich die Äpfel, die Rosen. Das Glas tiefgrün vom üppigen Laub. Regten sie sich im Wohnzimmer, so wandte einem der Apfel nur seine gelbe Schläfe zu. Im nächsten Augenblick jedoch ergoss sich beim Öffnen der Tür über den Boden, flatterte an den Wänden, schaukelte unter der Decke – was? In meinen Händen: nichts. Ein Drosselschatten huschte über den Teppich. Aus dem tiefsten Quell der Stille schöpfte die Taube ihren Gurgelgesang. »In Sicherheit, in Sicherheit«, so klopfte sanft der Puls des Hauses. »Der Schatz vergraben, das Zimmer –« Der Puls hielt jäh inne. Ah, der vergrabene Schatz?

Im nächsten Augenblick schwand das Tageslicht. Im Garten also? Doch die Bäume spannen Finsternis für einen wandernden Sonnenstrahl. Unendlich fein, unendlich erlesen, kühl im Grund versunken brannte der gesuchte Strahl immer nur hinter dem Glas. Das Glas war der Tod, der Tod stand zwischen uns. Zu der Frau war er zuerst gekommen, vor Hunderten Jahren, und hatte im Gehen alle Fenster versiegelt. Alle Zimmer in Dunkelheit getaucht. Der Mann ging fort, fort von ihr, ging nach Norden, nach Osten, sah die kopfstehenden Sterne am Südhimmel. Suchte und fand das Haus, das hinter den Downs in die Landschaft gefallen war. »In Sicherheit, in Sicherheit«, klopfte der Hauspuls fröhlich. »Der Schatz dein.«

Sturm heult die Allee herauf, biegt und beugt die Kronen bald hierhin, bald dorthin. Wild zerstäubt und verspritzt der Regen den Mondschein. Das Licht der Lampe aber scheint ungerührt durchs Fenster. Still und ruhig brennt die Kerze. Von Zimmer zu Zimmer streifend, Fenster öffnend, flüsternd, um uns nicht zu wecken, sucht das Geisterpaar sein Glück.

»Hier haben wir geschlafen«, sagt sie. Und er: »Küsse ohne Zahl.« »Morgens aufwachen …« »Silberhell zwischen den Bäumen …« »Oben …« »Im Garten …« »Wenn es Sommer wurde …« »Bei Schnee im Winter …« Türen schließen sich in der Ferne, mit sanftem Schlag, gleich dem eines Herzens.

Sie kommen näher, bleiben an der Schwelle stehen. Der Wind lässt nach, Regen rinnt silbern über die Scheibe. Vor unseren Augen wird es dunkel, wir vernehmen keine Schritte neben uns. Wir sehen nicht die Dame, die ihren Geistermantel ausbreitet. Seine Hand schirmt die Laterne ab. »Sieh doch«, haucht er. »Tief und fest schlafen sie. Mit Liebe auf den Lippen.«

So beugen sie sich über uns, mit ihrer silbernen Laterne, betrachten uns lange und eingehend. Lange halten sie inne. Der Wind weht jetzt gleichmäßig, die Flamme duckt sich leicht. Wilde Strahlen Mondlicht huschen an Boden und Wänden entlang, laufen zusammen und verfärben die geneigten Gesichter, die grübelnden Mienen, die forschend auf die Schlafenden gerichteten Blicke, auf der Suche nach ihrem verborgenen Glück.

»In Sicherheit, in Sicherheit«, so klopft stolz das Herz des Hauses. »Nach all den Jahren …«, seufzt er. »Noch einmal hast du mich gefunden.« »Hier«, murmelt sie, »schlafen, im Garten lesen, lachen, auf dem Dachboden Äpfel wenden. Hier haben wir unseren Schatz gelassen …« Als sie sich noch tiefer beugen, hebt ihr Licht meine Lider. »In Sicherheit! In Sicherheit!«, so schlägt wild der Puls des Hauses. »Oh«, rufe ich im Erwachen, »ist dies euer vergrabener Schatz? Das Licht im Herzen.«

Eine Gesellschaft

So also fing es an. Sechs oder sieben von uns saßen nach dem Tee beieinander. Einige blickten sinnend über die Straße in die Schaufenster eines Modegeschäfts, wo sich das noch helle Sonnenlicht an scharlachroten Federn und goldfarbenen Schühchen brach. Andere bauten gedankenverloren kleine Zuckerwürfeltürme auf dem Rand des Teetabletts. Soweit ich mich erinnere, versammelten wir uns dann nach einer Weile vor dem Kaminfeuer und begannen wie üblich, die Männer zu loben – wie stark, wie edel, wie intelligent, wie mutig, wie schön sie waren, wie sehr wir jene Frauen beneideten, die sich, koste es, was es wolle, lebenslang an einen von ihnen zu heften vermochten –, als Poll, die bis dahin geschwiegen hatte, in Tränen ausbrach. Poll, das muss ich erklären, war schon immer etwas wunderlich. Ihr Vater, selbst ein sonderbarer Mensch, hinterließ ihr sein Vermögen nur unter der Bedingung, dass sie sämtliche Bücher in der London Library durchlas. Wir trösteten sie nach Kräften, wussten aber insgeheim um die Vergeblichkeit unseres Tuns. Denn obgleich wir sie mögen, Poll ist keine Schönheit, läuft immer mit offenen Schnürsenkeln herum, und während unserer Lobeshymnen auf die Männer muss sie die ganze Zeit daran gedacht haben, dass keiner von ihnen sie je wird heiraten wollen.

Schließlich jedoch trocknete sie ihre Tränen. Zunächst verstand keine von uns, was sie erzählte. Es war auch bei aller Liebe ausgesprochen merkwürdig. Sie erzählte, dass sie, wie wir ja wussten, den Großteil ihrer Zeit lesend in der London Library verbrachte. Sie hatte, so sagte sie, mit englischer Literatur im obersten Stock angefangen, um sich nach und nach bis zu den Ausgaben der *Times* im Erdgeschoss durchzuarbeiten. Jetzt aber, auf der Hälfte oder vielleicht sogar nur einem Viertel der Strecke, war etwas Schreckliches geschehen. Sie konnte nicht mehr weiterlesen. Bücher waren offenbar anders, als wir dachten. »Bücher«, rief sie aus, sprang auf die Füße und verkündete mit solcher Verzweiflung, dass ich es nie vergessen werde, »sind zumeist unsagbar schlecht!«

Natürlich hielten wir sofort lautstark dagegen, dass doch Shakespeare Bücher geschrieben habe und Milton und Shelley.

»Schon gut, ich sehe schon«, unterbrach sie uns. »Ihr seid alle wohlgebildet. Aber ihr seid keine Mitglieder der London Library.« Hier brach ihr Schluchzen sich wieder Bahn. Nachdem sie sich dann erneut einigermaßen gefasst hatte, schlug sie eines der Bücher auf, die sie jeden Tag stapelweise mit sich herumtrug. Der Titel lautete *Aus einem Fenster* oder *In einem Garten* oder so ähnlich und der Name des Autors war Benton oder Henson oder etwas in der Art. Sie las uns die ersten paar Seiten vor. Wir hörten zu. »Aber das ist doch kein Buch«, sagte irgendwer schließlich. Also griff sie zum nächsten. Es war ein Geschichtstitel, den Autor weiß ich nicht mehr. Während sie weiterlas, wuchs unsere Unruhe. Nicht ein Wort schien der Wahrheit zu entsprechen und der Stil war einfach schauderhaft.

»Ein Gedicht, schnell!«, riefen wir hastig. »Lies uns ein Gedicht vor!« Ich vermag nicht zu beschreiben, welche Verzweiflung uns überkam, als sie ein schmales Bändchen aufschlug und die langatmigen, rührseligen Torheiten darin zu Gehör brachte.

»Das muss eine Frau geschrieben haben«, behauptete eine von uns. Doch sie irrte. Laut Poll war der Autor ein junger Mann, der zu den berühmtesten Schriftstellern unserer Tage zählte. Man möge sich unser Entsetzen angesichts dieser Enthüllung vorstellen. Obwohl wir Poll lautstark anflehten, nicht noch mehr vorzulesen, ließ sie sich nicht erweichen und präsentierte uns einige Passagen aus *Biografien der Hohen Lordkanzler*. Als sie geendet hatte, erhob sich Jane, die älteste und weiseste von uns, und sagte, dass sie jedenfalls nicht überzeugt sei.

»Wenn Männer einen solchen Müll verzapfen«, gab sie zu bedenken, »warum hätten unsere Mütter ihre Jugend daran verschwenden sollen, ebenjene Männer zur Welt zu bringen?«

Wir alle schwiegen. Nur das Schluchzen der armen Poll durchbrach die Stille: »Warum bloß? Warum hat mein Vater mir Lesen beigebracht?«

Clorinda kam als Erste wieder zu sich. »Es ist allein unsere Schuld«, sagte sie. »Jede von uns kann lesen. Aber außer Poll hat keine sich je die Mühe gemacht, es auch zu tun. Ich zum Beispiel habe es immer für selbstverständlich erachtet, dass die Frau dazu verpflichtet ist, ihre Jugend mit Gebären zu verbringen. Ich bewunderte meine Mutter für ihre zehn Kinder. Meine Großmutter für ihre fünfzehn noch mehr. Und ich gestehe, mein Ehrgeiz war es, zwanzig zu haben. Seit jeher sind wir davon ausgegangen, Männer wären ebenso emsig und ihre Arbeit ebenso wertvoll. Während wir Kinder gebaren, gebaren sie, so unsere Annahme, Bücher und Gemälde. Wir haben die Welt bevölkert. Sie haben sie zivilisiert. Aber jetzt, da wir lesen können, was hält uns davon ab, das Ergebnis davon unter die Lupe zu nehmen? Lasst uns schwören: Bevor wir auch nur ein einziges Kind auf die Welt bringen, werden wir herausfinden, wie diese Welt überhaupt beschaffen ist.«

Dies also war die Gründung der »Gesellschaft für Fragenstellen«. Eine von uns sollte ein Kriegsschiff erkunden, eine andere sich im Arbeitszimmer eines Gelehrten verstecken, die Nächste einer Besprechung von Geschäftsleuten beiwohnen, und wir alle sollten Bücher lesen, Gemälde betrachten, Konzerte besuchen, in den Straßen die Augen offen halten und dabei beständig Fragen stellen. Wir waren sehr jung. Unsere Naivität wird umso offensichtlicher, wenn ich davon berichte, dass wir jenen Abend mit der Feststellung abschlossen, es gebe zwei Ziele im Leben: gute Menschen hervorzubringen, gute Bücher hervorzubringen. Unsere Fragen hatten daher darauf ausgerichtet zu sein, inwieweit diese Ziele heutzutage von Männern erreicht wurden. Feierlich schworen wir, dass wir nicht ein Kind gebären würden, bevor dies zufriedenstellend geklärt wäre.

Und los gingen wir, einige zum British Museum, andere zur königlichen Marine, manche nach Oxford, manche nach Cambridge. Wir besuchten die Royal Academy und die Tate Gallery, hörten in den diversen Konzertsälen moderne Musik, verfolgten Gerichtsverhandlungen und sahen uns neue Theaterstücke an. Keine aß außer Haus, ohne ihrem Gegenüber bestimmte Fragen zu stellen und die Antworten sorgfältig zu notieren. In regelmäßigen Abständen trafen wir uns und verglichen unsere Ergebnisse. Ach, das waren heitere Zusammenkünfte! Nie habe ich mehr gelacht als bei Rose' Vortrag über »Ehre«, in dem sie anhand ihrer Notizen schilderte, wie sie als äthiopischer Prinz verkleidet auf eines der königlichen Schiffe gelangt war. Nachdem der Kapitän den Schwindel entdeckt hatte, suchte er sie (die jetzt in der Verkleidung eines zivilen Gentlemans steckte) auf und verlangte, der Ehre Genugtuung zu verschaffen. »Aber wie?«, fragte sie. »Wie?«, polterte er. »Mit dem Stock natürlich!« Da sie seinen unbändigen Zorn bemerkte und schon ihr letztes Stündlein gekommen wähnte, duckte sie sich und erhielt zu ihrer Verwunderung sechs leichte Klapse aufs Hinterteil. »Die Ehre der britischen Marine ist wiederhergestellt!«, verkündete der Kapitän, und während sie sich aufrichtete, streckte er ihr mit schweißüberströmtem Gesicht die zitternde Rechte hin. »So nicht!«, rief sie da aus, warf sich in Pose und imitierte sein wüstes Gebaren. »Meiner Ehre ist auch noch Genugtuung zu verschaffen.« »Gesprochen wie ein Gentleman!«, gab er zurück und verfiel in angestrengtes Nachdenken. »Wenn sechs Schläge die Ehre der königlichen Marine wiederherstellen«, grübelte er, »wie viele Schläge brauchen wir dann für die Ehre eines zivilen Gentlemans?« Am liebsten, so sagte er, wolle er sich dazu mit seinen Offizieren beraten. Hochmütig bestand sie darauf, dass sie nicht warten könne, worauf er ihren Feinsinn lobte. »Sagen Sie mir«, rief er dann plötzlich, »besaß Ihr Vater eine Kutsche?« »Nein«, antwortete sie. »Ein Reitpferd?« »Wir hatten eine Eselin«, sie gedachte des Tiers, »die die Mähmaschine zog.« Da erhellte sich sein Gesicht. »Der Name meiner Mutter –«, fuhr sie fort. »Um

Himmels willen, Mann, lass den Namen deiner Mutter aus dem Spiel!«, schrie er, zitterte plötzlich wie Espenlaub und errötete bis an die Haarwurzeln. Erst gute zehn Minuten später konnte Rose ihn dazu bewegen, das Prozedere fortzusetzen. Schließlich verfügte er, dass durch viereinhalb Schläge – der halbe in Anerkennung des Umstands, so erläuterte er, dass der Onkel ihrer Urgroßmutter bei Trafalgar gefallen war –, durch viereinhalb Schläge also, die sie ihm auf eine von ihm selbst zu bezeichnende Stelle am Hintern verabreichen solle, ihre Ehre wohl wieder so gut wie neu sei. So geschah es, dann gingen sie in ein Restaurant, tranken zwei Flaschen Wein, die zu bezahlen der Kapitän sich nicht nehmen ließ, und verabschiedeten sich unter gegenseitigen Beteuerungen ewiger Freundschaft.

Als Nächstes hörten wir Fannys Bericht über die Verhandlungen in den königlichen Gerichtshöfen. Bei ihrem ersten Besuch war sie zu der Schlussfolgerung gelangt, dass die Richter entweder aus Holz waren oder von großen, menschenähnlichen Tieren gespielt wurden, denen man beigebracht hatte, sich in höchstem Maß würdevoll zu bewegen, leise vor sich hin zu murmeln und gewichtig zu nicken. Um ihre Theorie zu überprüfen, hatte sie beim nächsten Besuch im kritischen Moment des Verfahrens einen Schwung zuvor im Taschentuch gefangener Schmeißfliegen freigelassen, ohne dann jedoch nach Zeichen menschlichen Verhaltens fahnden zu können, weil das Gebrumm der Fliegen sie in so tiefen Schlaf lullte, dass sie erst erwachte, als die Sträflinge hinunter in ihre Zellen verbracht wurden. Dennoch schlossen wir aus den von ihr gesammelten Indizien, dass es unlauter wäre, die Richter für Menschen zu halten.

Helen hatte die Royal Academy aufgesucht, doch als wir sie um einen Bericht über die Gemälde baten, trug sie uns stattdessen Folgendes aus einem blassblauen Büchlein vor: »O! Um des Klangs einer verstummten Stimme willen, um der Berührung einer verschwundenen Hand. Heim kehrt der Jäger, verlässt seinen Stand. Er ruckt an den Zügeln des Zaumzeugs. Liebe ist grazil, Liebe ist fragil. Lenz, der holde Lenz, des Jahres milde Eminenz. O! Hieselbst im April nun in England zu weilen. Männer müssen werken, Frauen müssen weinen. Der Pfad der Pflicht ist der Weg zum Ruhm –« Wir ertrugen diesen Käse nicht länger.

»Keine Gedichte mehr!«, riefen wir.

»Töchter Englands!«, setzte sie an, doch da rangen wir sie zu Boden, wobei sich der Inhalt einer Blumenvase über sie ergoss.

»Gott sei Dank!«, keuchte sie und schüttelte sich wie ein Hund. »Jetzt rolle ich erst noch kurz über den Teppich, sodass ich vielleicht auch den letzten Rest vom Union Jack loswerde. Dann könnte ich –«

Hierauf rollte sie energisch herum. Im Aufstehen begann sie zu erläutern, wie moderne Gemälde aussehen, doch da unterbrach Castalia:

»Wie groß ist so ein Gemälde durchschnittlich?«

»Vielleicht sechzig mal fünfundsiebzig Zentimeter«, antwortete Helen. Castalia machte Notizen, während Helen weitersprach, und als jene fertig war und wir versuchten, einander nicht in die Augen zu sehen, stand sie auf und sagte: »Wie gewünscht habe ich die letzte Woche als Reinmachefrau verkleidet in Oxbridge verbracht. Dadurch hatte ich Zugang zu den Räumlichkeiten diverser Professoren und werde nun versuchen, euch einen Eindruck –« Sie unterbrach sich. »Bloß will mir nicht einfallen, wie ich beginnen soll. Das ist alles so merkwürdig. Diese Professoren«, fuhr sie fort, »leben in großen, um Rasenflächen herum angeordneten Häusern, ein jeder in einer Art Zelle für sich allein. Trotzdem verfügen sie über jedwede Annehmlichkeit, jedweden Komfort. Sie müssen bloß einen Knopf drücken oder ein Lämpchen anmachen. Ihre Aufzeichnungen sind wunderhübsch geordnet. Bücher im Überfluss. Nirgendwo Kinder oder Tiere, ausgenommen ein halbes Dutzend streunende Katzen und ein ältlicher Dompfaff – ein Männchen.« Sie hielt kurz inne. »Da fällt mir meine Tante aus Dulwich ein, die mit den Kakteen. Durch das große Wohnzimmer kam man zum Wintergarten, wo sie zu Dutzenden auf den Warmwasserleitungen standen, hässliche, plumpe, struppige Pflänzchen, ein jedes in seinem Topf. Die Agave, so sagte meine Tante, blühe nur einmal in hundert Jahren. Doch sie starb, ehe es so weit war.« Wir ermahnten sie, beim Thema zu bleiben. »Ja, also«, nahm sie den Faden wieder auf, »als Professor Hobkin ausgegangen war, begutachtete ich sein Lebenswerk, eine Sappho-Gesamtausgabe, recht merkwürdig anzusehen und bestimmt gut fünfzehn Zentimeter dick. Im Inneren nicht nur Sappho. Weit gefehlt. Größtenteils wird Sapphos Keuschheit verteidigt, die irgendein Deutscher ihr abgesprochen hat, und ich kann euch versichern: Die Leidenschaft der beiden streitenden Gentlemen, die zur Schau gestellte Gelehrtheit und der ungeheure Einfallsreichtum, mit dem sie die Funktion eines Werkzeugs analysierten, das mir beim besten Willen nach einer simplen Haarnadel aussah, verblüfften mich. Umso mehr, als die Tür aufging und mir Professor Hobkin höchstselbst gegenüberstand. Ein sehr netter, sanfter, älterer Herr, doch wie sollte der etwas über Keuschheit wissen?« Wir missverstanden sie.

»Aber nein«, kam prompt ihr Widerspruch, »er ist sicher ein Ausbund an Ehre – auch wenn er Rose' Marinekapitän nicht im Geringsten ähnelt. Nein, ich dachte eher an die Kakteen meiner Tante. Wie sollten die etwas über Keuschheit wissen?«

Aufs Neue ermahnten wir sie, nicht vom Thema abzuschweifen. Waren die Oxbridge-Professoren nun eine Hilfe bei der Erreichung der Lebensziele, beim Hervorbringen guter Menschen und guter Bücher?

»Das ist es ja!«, rief sie aus. »Die Frage kam mir gar nicht in den Sinn. Mir wäre nie eingefallen, dass sie überhaupt etwas hervorbringen könnten.«

»Ich glaube«, sagte Sue, »dass du da etwas verwechselt hast. Vermutlich ist Professor Hobkin ein Frauenheilkundler. Ein echter Gelehrter sprudelt doch geradezu über vor Witz und Erfindungsgabe – trinkt vielleicht massenhaft Wein, aber was soll's? –, ist ein reizender Zeitgenosse, großzügig, scharfsinnig, einfallsreich. Denn immerhin verbringt er sein Leben in Gesellschaft der edelsten Menschen, die es je gegeben hat.«

»Hm«, machte Castalia. »Dann sollte ich wohl einen zweiten Versuch unternehmen.«

Etwa drei Monate später saß ich zufällig noch allein, als Castalia hereinkam. Ich weiß nicht, was an ihrer Erscheinung mich so berührte, aber ich musste ihr einfach entgegeneilen und sie in die Arme schließen. Nicht nur wirkte sie wunderschön, sie schien auch bester Laune zu sein. »Wie du strahlst!«, rief ich aus, während sie Platz nahm.

»Ich bin in Oxbridge gewesen«, sagte sie.

»Und hast Fragen gestellt?«

»Sie beantwortet«, gab sie zurück.

»Du hast also unseren Schwur nicht gebrochen?«, fragte ich bang, denn mir war etwas an ihrer Gestalt aufgefallen.

»Ach, der Schwur«, winkte sie ab. »Ich bekomme ein Kind, falls du das meinst. Du kannst dir gar nicht vorstellen«, platzte es aus ihr heraus, »wie aufregend, wie wunderschön, wie beglückend –«

»Was ist?«, fragte ich.

»Das … das Antwortengeben«, erwiderte sie verunsichert und erzählte mir dann die ganze Geschichte. Doch mitten in einem Bericht, der mich in höchstem Maß interessierte und fesselte, stieß sie den merkwürdigsten Laut aus, den ich je gehört hatte – halb Freudenschrei, halb Wehklage:

»Keuschheit! Keuschheit! Wo ist meine Keuschheit?«, rief sie. »Zu Hilfe! Ein Riechfläschchen!«

Es war keines zur Hand, doch im Gewürzständer fand ich einen Topf Senf, den ich gerade zur Anwendung bringen wollte, als sie sich von allein wieder fasste.

»Daran hättest du vor drei Monaten denken sollen«, sagte ich streng.

»Stimmt«, gab sie zu. »Doch das hilft mir jetzt auch nicht mehr. Übrigens ist es ein Jammer, dass meine Mutter mich ausgerechnet Castalia getauft hat.«

»Oh, Castalia, deine Mutter –«, begann ich, doch da griff sie nach dem Senftopf.

»Nein, nein, nein«, sagte sie kopfschüttelnd. »Wärst du eine keusche Frau, hättest du aufgeschrien bei meinem Anblick – stattdessen hast du mich geradewegs in die Arme geschlossen. Nein, Cassandra, wir sind beide nicht keusch.« So unterhielten wir uns weiter.

Währenddessen füllte sich das Zimmer allmählich, denn an jenem Tag wollten wir besprechen, was unsere Beobachtungen ergeben hatten. Mir schien, dass alle gegenüber Castalia das Gleiche empfanden wie ich. Sie herzten sie und freuten sich wortreich über das Wiedersehen. Als wir schließlich vollzählig waren, stand Jane auf und eröffnete die Versammlung. Mittlerweile, so stieg sie ein, hätten wir mehr als fünf Jahre lang Fragen gestellt, und auch wenn uns wohl keine eindeutigen Ergebnisse vergönnt sein würden – hier stupste Castalia mich an und flüsterte, dass sie da nicht so sicher sei. Dann stand sie auf, unterbrach Jane mitten im Satz und sagte:

»Bevor du weiterredest, möchte ich eines wissen. Darf ich überhaupt bleiben? Denn«, fügte sie hinzu, »ich muss gestehen: Ich bin eine unreine Frau.«

Alle starrten sie mit großen Augen an.

»Du bekommst ein Kind?«, fragte Jane.

Castalia nickte.

Das vielgestaltige Mienenspiel auf den Gesichtern war außergewöhnlich. Ein Raunen lief durchs Zimmer, in dem ich die Worte »unrein«, »Baby«, »Castalia« und so weiter ausmachen konnte. Jane, ebenfalls merklich berührt, gab die Frage an uns weiter:

»Soll sie gehen? Ist sie unrein?«

Der allgemeine Aufschrei war so laut, dass man ihn wohl bis auf die Straße hörte.

»Nein! Nicht doch! Lasst sie bleiben! Unrein? Papperlapapp!« Nur die Jüngsten, die Neunzehn-, Zwanzigjährigen hielten sich, wenn ich es richtig wahrnahm, wie in einem Anfall von Schüchternheit etwas zurück. Erst als wir Castalia schon fast alle mit Fragen bestürmt hatten, trat eine der Jüngsten, die sich bis dahin im Hintergrund gehalten hatte, sachte an sie heran und wollte wissen:

»Was ist denn nun Keuschheit? Ich meine, ist sie was Gutes oder was Schlechtes? Oder gibt es sie gar nicht?« Castalia antwortete so leise, dass ich sie nicht verstehen konnte.

»Weißt du, ich war starr vor Schreck«, sagte eine andere, »und zwar bestimmt zehn Minuten lang.«

»Wenn ihr mich fragt«, meinte Poll, die von all der Leserei in der London Library mit jedem Tag grantiger wurde, »ist Keuschheit nichts als Ahnungslosigkeit – ein höchst entehrender Geisteszustand. Wir sollten nur Unkeusche in unserer Gesellschaft zulassen. Ich stimme dafür, dass Castalia unsere Präsidentin wird.«

Hierauf entspann sich eine lautstarke Diskussion.

»Ob man Frauen nun als keusch oder unkeusch brandmarkt, beides ist unfair«, sagte Poll. »Manche von uns haben gar nicht die Wahl. Außerdem wird wohl auch Cassy uns hier nicht weismachen wollen, aus reiner Liebe zur Wissensbildung gehandelt zu haben.«

»Er ist erst einundzwanzig und zum Niederknien schön«, erwiderte Cassy mit schwärmerischer Geste.

»Ich beantrage«, verkündete Helen, »dass keine von Keuschheit oder Unkeuschheit sprechen darf, solange sie nicht verliebt ist.«

»O verflixt«, sagte Judith, die sich naturwissenschaftlichen Themen gewidmet hatte, »ich bin nicht verliebt, will euch aber dringend meine Maßnahmen vorstellen, durch die per Parlamentsbeschluss der Verzicht auf Prostituierte und die Befruchtung von Jungfrauen erreichbar wäre.«

Sodann berichtete sie uns von einer selbst entwickelten Erfindung, die, an U-Bahnhöfen oder anderen öffentlichen Orten aufgestellt, gegen geringes Entgelt die Gesundheit der Nation fördern, ihren Söhnen Erleichterung und ihren Töchtern Ruhe verschaffen würde. Auch hatte sie eine Methode ersonnen, in versiegelten Tuben die Samen künftiger Lordkanzler zu präservieren. »Oder die künftiger Dichter, Maler und Musiker«, fuhr sie fort, »jedenfalls sofern diese Spezies nicht schon ausgestorben sind und sofern Frauen weiterhin Kinder gebären wollen.«

»Natürlich wollen wir das!«, rief Castalia ungeduldig. Jane klopfte auf den Tisch.

»Genau diese Frage wollen wir hier ja gerade klären«, sagte sie. »Seit fünf Jahren bemühen wir uns herauszufinden, ob wir recht daran täten, auf ein Fortbestehen der menschlichen Rasse hinzuwirken. Castalia hat unserer Entscheidung vorgegriffen, doch auch wir Verbliebenen müssen zu einem Ergebnis kommen.«

So standen denn unsere Botschafterinnen eine nach der anderen auf und berichteten. Die Wunder der Zivilisation übertrafen unsere Erwartungen bei Weitem, und während wir erfuhren, wie der Mensch durch die Lüfte fliegt, mit der Ferne spricht, bis ins Herz eines Atoms vordringt und sich im Geiste ins Universum hinaufstreckt, entfuhr uns ein bewunderndes Raunen.

»Wir sind stolz«, riefen wir, »dass unsere Mütter ihre Jugend einer so großen Sache geopfert haben!« Am stolzesten wirkte Castalia, die aufmerksam zugehört hatte. Jane hingegen mahnte, dass wir noch lange nicht fertig seien, worauf Castalia um Eile bat. So kämpften wir uns durch ein schier endloses Gewirr aus Statistiken. Wir erfuhren, dass Englands Bevölkerung so und so viele Millionen umfasst und dass so und so viel Prozent davon beständig hungrig sind und im Gefängnis sitzen, dass eine durchschnittliche Arbeiterfamilie aus so und so vielen Personen besteht und dass so und so viele Frauen im Zusammenhang mit der Geburt ihres Kindes sterben. Erfahrungsberichte aus Fabriken, Werkstätten, Armenvierteln und Schiffswerften wurden vorgelesen. Ebenso Schilderungen des Börsenparketts, eines riesigen Geschäftshauses in der Innenstadt und eines Regierungsbüros. Auch die britischen Kolonien und unser Regiment in Indien, Afrika und Irland wurden besprochen. Ich saß noch immer neben Castalia und bemerkte ihre wachsende Unruhe.

»In dieser Geschwindigkeit kommen wir ja nie zu einem Ergebnis«, sagte sie. »Sollten wir uns nicht, da die Zivilisation offenbar wesentlich komplexer ist als gedacht, auf unsere ursprüngliche Frage zurückbesinnen? Wir waren doch darin übereingekommen, dass es im Leben gute Menschen und gute Bücher hervorzubringen gilt. Jetzt aber reden wir hier von Flugzeugen, Fabriken und Geld. Lasst uns lieber von den Männern an sich sprechen, und von ihren Künsten. Denn darum geht es doch.«

So traten also die Auswärtsdinierenden vor, mit langen Papierstreifen, die die Antworten auf ihre Fragen enthielten. Letztere hatten wir überaus sorgfältig formuliert. Ein guter Mann, so unser Beschluss, musste in jedem Fall ehrlich sein, leidenschaftlich und allem Weltlichen abgeneigt. Ob nun aber einer diese Qualitäten besaß oder nicht, ließ sich nur durch das Stellen von Fragen ermitteln, die oft zunächst weit um das Eigentliche kreisten. Ist Kensington ein angenehmer Ort zum Leben? Wo wird Ihr Sohn ausgebildet, wo Ihre Tochter? Würden Sie mir verraten, wie viel Sie für Ihre Zigarren ausgeben? Ist Sir Joseph übrigens ein Baronet oder nur ein Knight? Oft ergab sich, dass wir durch beiläufige Fragen wie diese mehr erfuhren als durch die direkteren. »Ich habe den Titel angenommen«, erklärte Lord Nonsense, »weil meine Frau es so wollte.« Ich zählte irgendwann nicht mehr mit, wie viele Adelstitel aus diesem Grund angenommen wurden. »Wer wie ich fünfzehn von vierundzwanzig Stunden arbeitet …«, intonierten zehntausend Erwerbstätige.

»Nein, nein, selbstverständlich können Sie weder lesen noch schreiben. Trotzdem: Warum arbeiten Sie so hart?« »Gute Dame, bei meinem Familienzuwachs …« »Aber warum wächst ihre Familie denn?« Wieder waren es die Frauen, die das so wollten, oder vielleicht auch das Empire. Noch aussagekräftiger als die gelieferten Antworten waren allerdings die verweigerten. Nur sehr wenige gaben Auskunft auf Fragen zu Moral und Religion, und wenn, dann nicht ernsthaft. Fragen über den Stellenwert von Geld und Ruhm wurden sogar fast ausnahmslos beiseitegewischt und konnten nur unter großem Risiko für die Fragende bekräftigt werden. »Wenn das Tranchiermesser des Sir Harley Hikle«, sagte Jill,

»bei meiner Frage zum Kapitalismus nicht gerade in der Hammelkeule gesteckt hätte, wäre er mir damit ganz sicher an die Gurgel gegangen. Das Einzige, was uns jedes Mal mit dem Leben davonkommen ließ, ist der Umstand, dass Männer gleichzeitig dermaßen hungrig und dermaßen ritterlich sind. Sie verachten uns zu sehr, um etwas auf unsere Worte zu geben.«

»Natürlich verachten sie uns«, sagte Eleanor. »Andererseits, wie erklärt ihr euch Folgendes: Ich habe mich unter den Kunstschaffenden umgehört, und keine Frau hat je Kunst geschaffen, oder, Poll?«

»Jane-Austen-Charlotte-Brontë-George-Eliot«, schrie Poll wie ein Bäckersgesell, der im Hinterhof Kuchen anpreist.

»Lass mich mit der zufrieden!«, rief eine. »Die ist doch sterbenslangweilig!«

»Seit Sappho hat es keine erstklassige weibliche –«, begann Eleanor mit einem Zitat aus der Wochenzeitung.

»Aber wir wissen doch jetzt, dass Sappho bloß die etwas lüsterne Fantasie von Professor Hobkin war«, unterbrach Ruth.

»Jedenfalls besteht kein Grund zu der Annahme, dass je eine Frau schreiben konnte oder es je können wird«, fuhr Eleanor fort. »Und trotzdem: Sobald ich mich unter Schriftstellern bewege, erzählen die mir den lieben langen Tag von ihren Büchern. ›Ein

Meisterwerk!‹, sage ich dann oder: ›Sie sind ein Shakespeare!‹, denn irgendwas muss man ja sagen, und ich schwöre euch, sie glauben mir.«

»Das beweist gar nichts«, erwiderte Jane. »So ist das eben bei denen. Allerdings«, seufzte sie, »hilft uns das kaum weiter. Vielleicht sollten wir uns lieber der modernen Literatur zuwenden. Liz, du bist dran.«

Elizabeth stand auf und berichtete, dass sie sich für ihre Nachforschungen als Mann verkleidet hatte und so als Kritiker durchgegangen war.

»Die ganzen letzten fünf Jahre habe ich recht ausdauernd neue Bücher gelesen«, fuhr sie fort. »Der beliebteste lebende Autor ist Mr Wells. Danach kommt Mr Arnold Bennett, danach Mr Compton Mackenzie. Mr McKenna and Mr Walpole belegen wohl gemeinsam den vierten Platz.« Sie wollte sich wieder setzen.

»Aber du hast uns ja gar nichts erklärt!«, riefen wir. »Oder meinst du, dass diese Herren Jane-Eliot weit übertroffen haben und dass die englische Literatur – was stand noch gleich in deiner Kritik? Ah ja: ›bei ihnen in guten Händen‹ ist.«

»In guten, in sehr guten«, sagte Liz und trat unruhig von einem Fuß auf den anderen. »Außerdem bin ich sicher, dass sie mehr geben, als sie bekommen.«

Da waren wir alle sicher. »Aber«, drängten wir, »schreiben sie nun gute Bücher?«

»Gute Bücher?«, gab sie zurück und sah an die Decke. »Ihr dürft nicht vergessen«, haspelte sie dann los, »dass die Literatur der Spiegel des Lebens ist. Und Bildung ist ja wohl unzweifelhaft das Wichtigste überhaupt, und ihr fändet es schließlich auch ärgerlich, spätabends in Brighton nicht zu wissen, in welchem Gasthaus ihr übernachten sollt, und mal angenommen, es wäre ein verregneter Sonntagabend – würdet ihr da nicht auch gern ins Kino gehen?«

»Aber was hat das denn damit zu tun?«, fragten wir.

»Nichts, gar nichts, ganz und gar nichts«, antwortete sie.

»Na, dann sag uns jetzt die Wahrheit«, forderten wir.

»Die Wahrheit? Aber ist es nicht wundervoll –« Sie setzte neu an. »Mr Chilper schrieb in den letzten dreißig Jahren jede Woche einen Artikel über Liebe oder warmen Buttertoast und hat all seine Söhne nach Eton –«

»Die Wahrheit!«, polterten wir.

»Ach, die Wahrheit«, stammelte sie, »die Wahrheit hat nichts mit Literatur zu tun.« Damit setzte sie sich und verweigerte jedes weitere Wort.

Das Ganze erschien uns äußerst uneindeutig.

»Also gut, meine Damen, dann wollen wir unsere Ergebnisse mal zusammenfassen«, fing Jane an, als sie von einem Dröhnen, das schon seit einer Weile durchs offene Fenster drang, übertönt wurde.

»Krieg! Krieg! Krieg! Die Kriegserklärung!«, schrien Männer unten auf der Straße.

Wir tauschten entsetzte Blicke.

»Welcher Krieg?«, riefen wir. »Welcher Krieg?« Da kam uns, zu spät, in den Sinn, dass wir versäumt hatten, eine von uns ins Unterhaus zu schicken. Daran hatten wir überhaupt nicht gedacht. Wir wandten uns Poll zu, die jetzt schon bis zu den Geschichtsbüchern der London Library vorgedrungen war, und baten um Aufklärung.

»Warum«, riefen wir, »ziehen Männer in den Krieg?«

»Mal aus dem einen, mal aus dem anderen Grund«, antwortete sie bedächtig. »1760 zum Beispiel …« Das Geschrei draußen übertönte ihre Worte. »Dann wieder 1797 … im Jahr 1804 … die Österreicher haben 1866 … 1870 der deutsch-französische … 1900 wiederum –«

»Aber jetzt ist 1914!«, unterbrachen wir sie.

»Ach, keine Ahnung, weshalb sie dieses Mal in den Krieg ziehen«, gab sie zu.

*****

Der Krieg war vorüber und der Friedensvertrag stand kurz vor der Unterzeichnung, als ich mich mit

Castalia in unserem einstigen Versammlungsraum wiederfand. Müßig blätterten wir in den alten Protokollbüchern. »Schon sonderbar«, überlegte ich laut, »was wir vor fünf Jahren so gedacht haben.« »Hiermit stellen wir fest«, las Castalia, die mir über die Schulter blickte, »dass es zwei Ziele im Leben gibt: gute Menschen hervorzubringen, gute Bücher hervorzubringen.« Das ließen wir unkommentiert. »Ein guter Mann ist in jedem Fall ehrlich, leidenschaftlich und allem Weltlichen abgeneigt.« »So reden auch nur Frauen!«, bemerkte ich. »Gute Güte«, rief Castalia und schob das Buch von sich fort, »wie töricht wir waren! Daran ist nur Polls Vater schuld«, sprach sie weiter. »Bestimmt hat er das mit Absicht gemacht. Ich meine dieses absurde Testament, um die eigene Tochter zu zwingen, sämtliche Bücher der London Library zu lesen. Wenn wir nicht Lesen gelernt hätten«, sagte sie verbittert, »würden wir einfach weiter in Unwissenheit Kinder gebären, und ein glücklicheres Leben kann es, wenn du mich fragst, doch eigentlich gar nicht geben. Ich weiß schon, jetzt fängst du gleich vom Krieg an.« Sie warf mir einen Blick zu. »Davon, wie schrecklich es ist, Kinder zu gebären und dann zuzusehen, wie sie getötet werden, aber unsere Mütter taten das, und ihre Mütter, und die Mütter ihrer Mütter. Und die haben sich auch nicht beschwert. Die konnten nicht lesen. Ich habe mein Bestes gegeben«, seufzte sie, »mein kleines Mädchen vom Lesenlernen abzuhalten, und was hat es gebracht? Erst gestern habe ich Ann mit einer Zeitung in der Hand erwischt, und dann fragte sie auch noch, ob all das ›wahr‹ sei. Als Nächstes will sie sicher wissen, ob Mr Lloyd George ein guter Mensch ist, dann ob Mr Arnold Bennett ein guter Schriftsteller ist, und am Ende noch, ob ich an Gott glaube. Wie erziehe ich meine Tochter dazu, an nichts zu glauben?«, fragte sie.

»Könntest du ihr nicht den Glauben beibringen, dass der Intellekt eines Mannes dem einer Frau grundsätzlich überlegen ist und immer sein wird?«, schlug ich vor. Bei diesen Worten hellte sich ihre Miene auf und sie begann erneut, in unseren alten Protokollen zu blättern. »Aber ja«, sagte sie. »Man denke nur an all ihre Entdeckungen, ihre Mathematik, ihre Wissenschaft, Philosophie, Gelehrsamkeit –« An dieser Stelle musste sie lachen. »Ich werde nie den alten Hobkin mit seiner Haarnadel vergessen«, sagte sie, und da sie lachend weiterlas, glaubte ich sie guter Stimmung, doch plötzlich stieß sie das Buch von sich und rief: »Oh, Cassandra, warum quälst du mich? Ist dir denn nicht bewusst, dass unser Vertrauen in den männlichen Intellekt ein riesiger Irrtum ist?« »Bitte?«, rief ich. »Jeder Journalist, Lehrer, Politiker oder Gastwirt der Welt wird dir versichern, dass Männer viel schlauer sind als Frauen.« »Als hätte ich das je bezweifelt«, spottete sie. »Wie könnte es anders sein? Haben wir sie nicht seit Anbeginn der Zeit so aufgezogen, genährt und umsorgt, dass sie, wenn auch sonst nichts, dann doch auf jeden Fall schlau werden? Wir selbst sind an allem schuld!«, rief sie. »Wir wollten ja unbedingt Intellekt und jetzt haben wir die Bescherung. Der Intellekt«, fuhr sie fort, »ist die Wurzel allen Übels. Was könnte bezaubernder sein als ein kleiner Junge, der noch nicht damit angefangen hat, seinen Intellekt zu kultivieren? Er ist wunderschön anzusehen, spielt sich nicht auf, versteht instinktiv Kunst und Literatur, genießt sein Leben und lässt die anderen ihres genießen. Dann aber lehren sie ihn, seinen Intellekt zu kultivieren. Er wird Anwalt, Beamter, General, Schriftsteller oder Professor, geht jeden Tag in ein Büro, schreibt jedes Jahr ein Buch, kommt mit den Hervorbringungen seines Hirns für eine ganze Familie auf – armer Teufel! Schon bald kann er kein Zimmer mehr betreten, ohne dass wir uns seinetwegen unwohl fühlen. Jede Frau wird von ihm bevormundet, nicht einmal zu seiner eigenen Gattin wagt er je aufrichtig zu sein. Statt dass er unseren Augen eine Wohltat wäre, müssen wir sie schließen, um ihn umarmen zu können. Gewiss, sie trösten sich mit Sternen in allen möglichen Größen, Bändern in allen möglichen Farben, Einkommen allen möglichen Umfangs – aber was tröstet uns? Dass wir in zehn Jahren ein Wochenende in

Lahore verbringen können? Oder dass das kleinste Insekt in Japan einen Namen trägt, der doppelt so lang wie sein Körper ist? Ach, Cassandra, lass uns um Himmels willen etwas entwickeln, wodurch Männer Kinder gebären können! Das ist unsere einzige Chance. Wenn wir ihnen nicht endlich eine unschuldige Beschäftigung geben, werden wir nie gute Menschen und gute Bücher bekommen. Dann werden wir eines Tages an den Früchten ihres ungezügelten Tuns zugrunde gehen, und niemand wird mehr am Leben sein, um zu wissen, dass es einst Shakespeare gab!«

»Zu spät«, sagte ich. »Es gibt jetzt schon mehr Kinder, als wir versorgen können.«

»Und da verlangst du von mir, dass ich an Intellekt glaube.«

Während wir sprachen, tönten heisere, müde Männerrufe von der Straße herauf und wir vernahmen, dass der Friedensvertrag soeben unterzeichnet worden war. Die Stimmen verebbten. Regen fiel und behinderte zweifellos den ordnungsgemäßen Ablauf des Feuerwerks.

»Meine Köchin hat sicher die Abendzeitung gekauft«, sagte Castalia, »und Ann wird sie sich beim Tee zusammenreimen. Ich muss nach Hause.«

»Hilft nichts, rein gar nichts«, sagte ich. »Hat sie erst lesen gelernt, kannst du ihr nur noch einen Glauben beibringen: den an sich selbst.«

»Na, das wäre mal etwas anderes«, seufzte Castalia.

Also kehrten wir die Unterlagen unserer Gesellschaft zusammen, überreichten sie, obwohl das Mädchen ganz zufrieden mit seiner Puppe spielte, feierlich der kleinen Ann und ernannten sie zur Präsidentin der Gesellschaft der Zukunft - worauf sie bitterlich zu weinen begann, armes Ding.

Montag oder Dienstag

Gleichmütig und träge schüttelt der Reiher den leeren Raum von den Schwingen und gleitet zielsicher über der Kirche unter dem Himmel dahin. Einem Himmel, der sich fernweiß, selbstvergessen, endlos bedeckt und enthüllt, verändert und bleibt. Ein See? Tilge sein Ufer! Ein Berg? Ach, herrlich – Sonnengold an seinen Hängen. Daran hinab. Dann Farn oder weiße Federn, auf immerdar.

Sehnsucht nach Wahrheit, Warten darauf, mühsames Destillat rarer Worte, ewige Sehnsucht – (ein Ruf zur Linken, ein andrer zur Rechten, hier und da Reifenquietschen, sich verkeilende Omnibusse) – ewige Sehnsucht – (die Uhr schwört mit zwölf klaren Schlägen, dass es Mittag ist, Licht schuppt sich golden, Kinder schwärmen aus) – ewige Sehnsucht nach Wahrheit. Rot leuchtet die Kuppel, Münzen hängen im Gezweig, Rauch kräuselt sich aus Schornsteinen empor, Gebell, Geschrei, Geheul: »Eisen im Angebot« – und Wahrheit?

In Strahlenbündeln sammeln sich Männerfüße und Frauenfüße, mit Schwarz oder Gold besetzt – (So ein Nebel! – Zucker? – Nein, danke. – Die Zukunft des Commonwealth) – der Feuerschein tänzelt das Zimmer rot, bis auf die dunklen Gestalten mit den leuchtenden Augen, während draußen ein Laster entladen wird, trinkt Miss Dinngs Tee an ihrem Schreibtisch und eine Glasscheibe schützt die Pelzmäntel –

Aufgebäumt, laubblattleicht, in Ecken raschelnd, durch Räder geweht, silbrig gesprenkelt, daheim oder nicht, Schuppe um Schuppe versammelt, verstreut, verprasst, dann emporgetragen, niedergedrückt, zerrissen, versenkt, zusammengebracht – und Wahrheit?

Bald in Erinnerungen am Kamin auf dem Eck weißen Marmors. Worte aus elfenbeinerner Tiefe werfen ihre Schwärze ab, erblühen, durchdringen. Das Buch gefallen. In der Flamme, im Rauch, in den flüchtigen Funken. Bald auf Reisen, über Minaretten und dem Indischen Ozean schwebt das Marmoreck, während der leere Raum Blaues scheucht und die Sterne schimmern – Wahrheit? Oder bald bloß zufrieden mit Nähe?

Gleichmütig und träge kehrt der Reiher zurück. Die Himmelsweite verschleiert ihr Sternenmeer, dann enthüllt sie es.

Das Streichquartett

Da wären wir nun, und wenn Sie hier drin Ihren Blick schweifen lassen, erkennen Sie deutlich, dass sowohl die Straßen-, U-Bahnen und Omnibusse als auch nicht wenige Privatkutschen und sogar, wie ich zu glauben wage, ein paar Barouches, emsig Fäden von einem Ende Londons zum anderen gewebt haben. Allerdings kommen mir Zweifel …

Wenn tatsächlich stimmt, was man sagt, dass nämlich die Regent Street auf den Beinen und der Friedensvertrag unterzeichnet ist, dass das Wetter nicht kalt für die Jahreszeit und selbst mit dieser Summe keine Wohnung zu mieten ist und dass eigentlich das Ärgste an der Grippe ihre Nachwirkungen sind – wenn ich bedenke, dass ich von der undichten Fuge in unserer Speisekammer zu schreiben und meinen Handschuh im Zug vergaß – wenn die Blutsbande von mir verlangen, dass ich vorgeneigt und herzlich die Hand ergreife, die vielleicht zögernd ausgestreckt wird …

»Sieben Jahre, seit wir uns zuletzt gesehen haben!«

»In Venedig.«

»Und wo wohnen Sie jetzt?«

»Also, eigentlich passt es mir spätnachmittags am besten, wenn das nicht zu viel verlangt ist …«

»Natürlich habe ich Sie sofort wiedererkannt!«

»Doch, sicher, der Krieg war ein Einschnitt ...«

Wenn der Geist von derlei Pfeilchen durchschossen wird und – weil die gesellschaftlichen Gepflogenheiten es verlangen – das nächste schon drängelt, kaum dass das eine losgeflogen ist, wenn dadurch Hitze entsteht und sie zudem noch das elektrische Licht angeschaltet haben, wenn Gesagtes in so vielen Fällen das Bedürfnis hinterlässt zu verbessern, umzuformen und dabei auch noch Bedauern, Vergnügen, Eitelkeit und Begehren wachruft – wenn alle Fakten, meine ich, und die Hüte, die Pelzstolen, die Fräcke der Gentlemen und die Perlenkrawattennadeln zum Vorschein kommen – wie wahrscheinlich ist es dann, dass ...

Dass was? Minute um Minute vermag ich schlechter zu erklären, warum ich trotz allem in dem Glauben hier sitze, nicht sagen zu können, was passiert ist, ja mich nicht mal erinnern zu können, wann zum letzten Mal.

»Haben Sie den Festzug gesehen?«

»Der König wirkte so teilnahmslos.«

»Nein, nicht doch. Aber wie war das gleich?«

»Sie hat ein Haus in Malmesbury gekauft.«

»So ein Glück für sie!«

Wohl eher eine Verdammnis für sie, wer immer sie ist, nichts als Wohnungen, Mützen und Möwen nach Meinung der hundert hier wohlgekleidet, wohlummauert, bepelzt und satt sitzenden Leute.

Nicht dass ich's besser machte, denn auch ich sitze untätig auf vergoldetem Stuhl und wende die Erde über einer vergrabenen Erinnerung – wie wir alle, schließlich zeigt sich, wenn ich mich nicht irre, dass wir alle uns erinnern wollen, alle vergebens etwas suchen. Wozu das Gezappel? Warum so besorgt um den Sitz des Mantels, der Handschuhe – Knöpfe besser auf oder zu? Ein Blick auf das ältliche Gesicht vor dem dunklen Tuch, kurz vorher noch weltgewandt und gerötet, jetzt schweigsam und trist, wie überschattet. War's das Stimmen der zweiten Geige im Nebenraum? Hier kommen sie. Vier schwarze Gestalten mit Instrumenten setzen sich vor die weißen Rechtecke unter dem herabstürzenden Licht, legen die Spitzen ihrer Bögen auf den Notenständer, heben sie in einer synchronen Bewegung an, legen sie sanft ab, und während die erste Geige auf das Gegenüber blickt, zählt sie eins, zwei, drei –

Fülle, Frühling, Blüte, Lenz! Der Birnbaum auf dem Gipfel des Berges. Quellen entspringen, Tropfen fallen. Doch die Rhonewasser fließen schnell und tief, rauschen unter den Bögen, durch die wogenden Algen hindurch, schwemmen Schatten über die silbernen Fische, die getupften Fische vom schnellen Wasser hinab- und hineingetragen in einen Strudel, darin – die Stelle ist schwierig – alle Arten von Fischen springend, spritzend, unter Flossengemenge in einem Becken und ein solches

Gebrodel, dass die gelben Kiesel erst um und um gewirbelt werden, bevor sie, befreit, abwärtsrauschen oder sogar, irgendwie, in vollendeten Spiralen emporsteigen, eingerollt wie dünne Späne unter dem Hobel, empor und empor … Wie doch Güte entzückt in jenen, die leichten Schrittes lächelnd durch die Welt gehen! Auch in fröhlichen, alten, unter Brückenbögen sich duckenden Fischweibern. Unflätige Alte, wie dröhnend sie bei ihrem Hin und Her lachen, sich schütteln und toben, ho, ha!

»Ein früher Mozart, versteht sich –«

»Aber diese Melodie, wie jede von ihm, lässt einen ja verzweifeln, ich meine, hoffen. Was meine ich? Das ist das Schlimmste an Musik! Ich will tanzen, lachen, pinke Kuchen essen und gelbe, und billigen sauren Wein trinken. Oder eine unanständige Geschichte hören, das würde mir jetzt gefallen. Je älter, desto größer die Vorliebe für Unanständigkeit. Ha, ha! Ich lache. Worüber? Nun, Sie haben nichts gesagt, der alte Herr gegenüber ebenso wenig … Aber mal angenommen – mal angenommen – Psst!«

Der melancholische Fluss trägt uns weiter. Wenn das Mondlicht durch die herabhängenden Weidenzweige fällt, dann sehe ich dein Gesicht, dann höre ich deine Stimme und den Vogelgesang hier am Weidenbruch. Was flüsterst du? Trauer, Trauer. Freude, Freude. Verwoben, untrennbar geeint, gebunden in Schmerz, in Kummer gestreut – zerschellt!

Das Boot sinkt. Empor steigen die Gestalten, blattdünn nun jedoch, sich in ein Schattenwesen verjüngend, das mit Glutfingerspitzen seine zwiespältige Leidenschaft aus meinem Herzen zieht. Für mich singt es, entsiegelt meine Trauer, erwärmt mein Mitgefühl, überflutet selbst im Verklingen noch mit Liebe die lichtlose Welt, webt anhaltend zärtlich, flink und geschickt, webt hin und webt her, bis in diesem Muster, diesem Vollzug die Gespaltenen eins werden, emporsteigen, aufschluchzen, zur Ruhe sinken, zu Trauer und Freude.

Warum also klagen, mehr verlangen, unzufrieden sein? Ich sage, alles ist, wie es sein soll. Ja. Zur Ruhe gebettet unter einer Decke aus fallenden Rosenblüten. Sie fallen und fallen und oh, es hat aufgehört. Ein letztes Blütenblatt taumelt aus endloser Höhe – wie ein Fallschirmchen, geworfen aus einem nicht auszumachenden Ballon – und dreht, unentschlossen flatternd, ab. Es wird uns nicht erreichen.

»Nein. Nein, ich habe nichts bemerkt. Das ist das Schlimmste an Musik, diese dummen Träume. Die zweite Geige war zu spät, sagen Sie?«

»Da tastet sich Mrs Munro nach draußen, die alte Frau wird mit jedem Jahr blinder. Und das bei dem rutschigen Boden, die Arme.«

Blickloses hohes Alter, grauhaarige Sphinx … Da steht sie auf dem Gehweg und winkt gestreng den roten Omnibus heran.

»Wie entzückend! Wie herrlich sie spielen! Ach wie, ach wie, ach wie!«

Die Zunge bloß ein Klöppel. Schlicht und einfach. Die Federn am Hut neben mir sind farbenfroh und hübsch wie eine Kinderrassel. Das Laub der Platane blitzt grün durch den Spalt im Vorhang. Ungemein seltsam, ungemein aufregend.

»Ach wie, ach wie, ach wie!« Psst!

Hier die Liebenden im Grase.

»Wenn Sie, Madam, meine Hand nehmen wollen …«

»Sir, Ihnen würde ich mein Herz anvertrauen. Zudem haben wir unsere Körper in der Festhalle vergessen. Hier auf dem Rasen sind nur unsere Seelenschatten.«

»Dann umarmen sich jetzt unsere Seelen.« Die Zitronen nicken Zustimmung. Der Schwan stößt sich vom Ufer ab und gleitet verträumt in die Flussmitte.

»Doch weiter. Er kam mir also durch den Flur hinterher und trat mir, als wir um die Ecke bogen, auf den Spitzenunterrock. Was konnte ich tun, außer ›Ah!‹ zu rufen und stehen zu bleiben, um mir die Bescherung anzusehen? Da zog er sein Schwert, stach in die Luft, als würde er etwas töten, und brüllte: »Irre! Irre! Irre!« Da schrie ich auf, und der Prinz, der im Erkerfenster in das große Pergamentbuch geschrieben hatte, kam in seinen Fellpantoffeln und seiner Samtkappe heraus und pflückte einen Degen von der Wand – ein Geschenk des spanischen Königs, wissen Sie –, sodass ich fliehen und mir diesen Mantel überwerfen konnte, um den ruinierten Rock zu verstecken und … Doch hören Sie! Die Hörner!«

Der Herr antwortet der Dame so rasch und sie erklettert die Tonleiter unter einem so geistreichen, jetzt in einem Schluchzer der Leidenschaft gipfelnden Schlagabtausch von Komplimenten, dass ihre Worte nicht mehr auseinanderzuhalten sind. Die Bedeutung allerdings ist offensichtlich: Liebe, Lachen, Flucht, Verfolgung, himmlische Wonne, alles auf dem heitersten Wellenschlag zärtlicher Koseworte treibend, bis der vormals ferne silberne Hörnerklang immer deutlicher hervortritt, als würden Seneschalle den Sonnenaufgang begrüßen oder unheilvoll das Entkommen der Liebenden melden … Grüner Garten, mondbeschienenes Wasser, Zitronen, Liebende und Fische – alle aufgelöst im opalblauen Himmel, in dem sich, als die Hörner jetzt von Trompeten begleitet und durch Fanfaren gestützt werden, weiße Bögen von Marmorsäule zu Marmorsäule schwingen … Trampeln und Trompetenklang. Geklirr und Getöse. Zupackend errichtet.

Stabil gegründet. Marsch der Myriaden. Tumult und Chaos sind auf die Erde gekommen. Doch die Stadt, zu der wir reisen, kennt weder Stein noch Marmor, ausdauernd schwebt sie, unerschütterlich steht sie, auch heißt einen kein Gesicht, keine Flagge willkommen. So lasst denn die Hoffnung zugrunde gehen, meine Freude in der Wüste verwelken, ungedeckter Vormarsch. Kahl sind die Säulen, glänzend, gestreng, verheißen niemandem etwas, spenden niemandem Schatten. Zurück also falle ich, mein Eifer dahin, will nur noch fort, zur Straße, an den Häusern vorbei, die Apfelfrau grüßen und zum Dienstmädchen an der Tür sagen: Eine sternenklare Nacht.

»Gute Nacht, gute Nacht. Gehen Sie hier entlang?«

»Leider dort.«

Blau & Grün

GRÜN

Die spitzen Glasfinger hängen herab. Das Licht läuft am Glas hinunter und bildet Tropfen um Tropfen eine Lache Grün. Den ganzen Tag lang tropft von den zehn Kronleuchterfingern Grün auf den Marmor. Federn von Papageien – ihre schrillen Rufe – messerscharfe Palmblätter – grün auch sie. Grüne Nadeln, glitzernd im Sonnenlicht. Doch das Kristallglas tropft weiter auf den Marmor. Die Lachen schweben über dem Wüstensand. Die Kamele taumeln hindurch. Die Lachen werden heimisch auf dem Marmor. Schilf umsäumt sie. Algen durchdringen sie. Hier und dort eine weiße Blüte. Der Frosch springt plumpsend hinein. Nachts liegen ungebrochen die Sterne darin. Der Abend naht und der Schatten wischt das Grün über den Kaminsims. Aufgewühlter Ozean. Kein Schiff in Sicht. Die ziellosen Wellen wiegen sich unter leerem Himmel. Es ist Nacht. Von den Nadeln tropfen Kleckse Blau. Das Grün ist erloschen.

BLAU

Als das flachnasige Ungeheuer den Wasserspiegel durchbricht, stößt es durch jede Nüster eine Fontäne aus, die sich, im Innern grellweiß, auffächert zu einem blauen Perlenvorhang. Blaue Pinselstriche überziehen das Teerschwarz seiner Haut. Wasser durch Maul und Nüstern schlürfend, sinkt es, vollgesogen, und das Blau schließt sich über ihm, schließt sich über den glänzenden Kieselaugen. An den Strand gespült liegt es da, glanzlos, stumpf, verliert eine spröde Schuppe nach der anderen. Ihr Metallblau färbt den Eisenrost des Strandes. Blau sind die Rippen des Ruderbootwracks. Eine Welle rollt unter den Glockenblumen hindurch. Die Kathedrale jedoch ist anders, kalt, weihrauchschwer, blassblau von Madonnenschleiern.

Das neue Kleid

Der erste ernsthafte Verdacht, dass etwas nicht stimmte, überkam Mabel, als sie den Mantel ablegte, und Mrs Barnet, die ihr den Spiegel reichte und nach den Bürsten tastete und so ihre Aufmerksamkeit wohl recht nachdrücklich auf all die auf dem Frisiertisch ausgebreiteten Werkzeuge fürs Herrichten und Aufhübschen der Haare, des Teints und der Kleidung lenkte, bestärkte ihn – den Verdacht, dass etwas nicht stimmte, jedenfalls nicht so ganz, und er wurde deutlicher, während Mabel die Stufen emporstieg, und er sprang ihr, als sie Clarissa Dalloway begrüßte, dermaßen klar ins Gesicht, dass sie schnurstracks ans andere Ende des Zimmers lief, in eine dunkle Ecke, wo ein Spiegel hing – und hinsah. O nein! Etwas stimmte ganz und gar nicht. Und mit einem Mal überfiel sie unaufhaltsam und schonungslos jenes Leid, das sie stets zu verstecken suchte, jenes tief sitzende Unbehagen – ein Bewusstsein, das sie seit Kindertagen mit sich herumtrug, nämlich anderen Menschen unterlegen zu sein –, und es überfiel sie mit solcher Intensität, dass sie es nicht abschütteln konnte wie sonst, wenn sie nachts erwachte und Borrow oder Scott dagegen las, denn oh, diese Männer, oh, diese Frauen, die sämtlich dachten: »Was hat Mabel da an? Die reinste Vogelscheuche! Wo hat sie bloß dieses potthässliche Kleid her?«, und deren Augenlider beim Herankommen flatterten, um sich dann sehr fest zu schließen. Todunglücklich wurde Mabel über ihre himmelschreiende Unzulänglichkeit, ihre Feigheit, ihr gewöhnliches, wässriges Blut. Schlagartig erschien ihr das Zimmer, in dem sie sich so viele Stunden mit der kleinen Schneiderin beratschlagt hatte, erbärmlich und abstoßend, und auch ihr eigenes Zimmer kam ihr schäbig vor und sie selbst sich aufgeblasen vor Eitelkeit, als sie in den Flur getreten war, die Briefe auf dem Tischchen umhergeschoben und aus Prahlerei gesagt hatte: »Wie öde!« – All das schien nun unsäglich töricht, armselig und provinziell. All das war in dem Augenblick zunichte gemacht, bloßgestellt, zersprengt worden, als sie Mrs Dalloways Salon betrat.

Während sie an jenem Abend vor ihrem Tee gesessen und Mrs Dalloways Einladung gelesen hatte, war ihr als Erstes durch den Sinn gegangen, dass sie natürlich nicht mal ansatzweise einen modischen Auftritt zustande brächte. Der bloße Versuch wäre absurd – Mode hieß Schnitt, Stil, mindestens dreißig Guineas –, aber warum nicht stattdessen ein origineller Auftritt? Warum nicht irgendwie sie selbst sein? Und so war sie aufgestanden, hatte den alten Moderatgeber ihrer Mutter zur Hand genommen, ein Buch aus dem Paris des Empirestils, und gedacht, wie viel hübscher, würdevoller und fraulicher die Damen damals ausgesehen hatten, weshalb sie hatte versuchen wollen – ach, welche Dummheit –, sich ebenso fein herzurichten, und sich dabei besonders bescheiden und auf charmante Weise altmodisch vorgekommen war, ja sich zweifellos einer geradezu nach Züchtigung verlangenden Orgie der Eigenliebe hingegeben und sich schließlich so ausstaffiert hatte, wie sie jetzt hier stand.

Doch sie wagte es nicht, in den Spiegel zu sehen. Sie brachte es nicht über sich, das ganze Ausmaß des Schreckens zu betrachten – das blassgelbe, idiotisch altbackene Seidenkleid mit dem bodenlangen Rock, den Puffärmeln, der hohen Taille und all dem anderen, das in dem Modebuch so bezaubernd gewirkt hatte, aber nicht an ihr, nicht zwischen all diesen unauffällig gekleideten Menschen. Sie fühlte sich wie eine Schneiderpuppe, die man dort hingestellt hatte, damit junge Leute Stecknadeln hineinpiken konnten.

»Aber meine Liebe, es ist hinreißend!«, sagte Rose Shaw und musterte Mabel mit dem zu erwartenden ironischen Lippenkräuseln von oben bis unten, während sie selbst wie immer, wie alle anderen nach der allerneuesten Mode gekleidet war.

Wir alle sind nichts als Fliegen, die aus dem Schälchen zu kriechen versuchen, dachte Mabel und wiederholte die Phrase, als würde sie sich bekreuzigen, als suchte sie nach einem Zauberspruch, der diesen Schmerz lindern würde, diese Qual erträglich machen. Denn sobald etwas sie quälte, fielen ihr schlagartig immer Worte von Shakespeare oder Zeilen aus vor Jahren gelesenen Büchern ein, die sie dann gebetsmühlenhaft wiederholte. »Nichts als Fliegen«, wiederholte sie also. Wenn sie es nur oft genug sagte und sich dazu brächte, die Fliegen zu sehen, so würde sie gefühllos werden, kalt, starr und stumm. Und endlich konnte sie sehen, wie einige Fliegen mühsam und mit verklebten Flügeln aus einem Schälchen voll Milch krochen. Und sie mühte und mühte sich (während sie immer noch vor dem Spiegel stand und Rose Shaw zuhörte), um Rose Shaw und die anderen als Fliegen zu sehen, die sich aus etwas heraus- oder in etwas hineinzuhieven versuchten, als kümmerliche, unbedeutende, sich abrackernde Fliegen. Doch so konnte sie sie nicht sehen, bei anderen Leuten gelang es ihr nicht. Bei sich selbst schon – sie war eine Fliege, die anderen jedoch waren Libellen, Schmetterlinge, wunderschöne Insekten, die durch die Luft gaukelten, tanzten und flatterten, während nur sie allein sich aus dem Schälchen kämpfte. (Boshaftigkeit und Neid, die verachtenswertesten unter den Lastern, waren ihre großen Schwächen.)

»Ich komme mir vor wie eine abartige, abstoßende, furchtbar abscheuliche alte Fliege«, sagte sie, nur um Robert Haydon aufhorchend innehalten zu lassen und sich selbst durch ihre Ausschmückung der armen fußlahmen Phrase davon zu überzeugen, wie unbeteiligt sie war, wie geistreich, und dass sie sich nicht im Geringsten außen vor fühlte. Und natürlich erwiderte Robert Haydon etwas überaus Höfliches, überaus Unaufrichtiges, das sie sofort durchschaute, weswegen sie, gleich nachdem er gegangen war, aufsagte (wieder aus einem Buch): »Lügen, Lügen, Lügen!« Denn eine Party, so dachte sie, macht alles entweder viel echter oder viel unechter. Mit einem Mal konnte sie Robert Haydon mitten ins Herz sehen. Sie durchschaute alles. Sie sah die Wahrheit. Die Wahrheit war dieser Salon, dieses Ich – das andere gelogen. Miss Milans kleine Schneiderwerkstatt war tatsächlich schrecklich heiß, eng und erbärmlich, voll Kleider- und Kohlgeruch. Und doch, als Miss Milan ihr den Spiegel in die Hand drückte und sie sich in dem vollendeten Kleid sah, fuhr ihr eine ungeahnte Wonne durchs Herz. Lichterfüllt sprang sie ins Dasein. Befreit von Sorgen und Falten stand sie dort als diejenige, als die sie sich erträumt hatte – als schöne Frau. Einen Augenblick lang (denn länger wagte sie nicht hinzuschauen, da Miss Milan sie nach der passenden Saumhöhe fragte) sah ihr aus dem schnitzmusterverzierten Mahagonirahmen eine grauweiße, geheimnisvoll lächelnde, charmante junge Frau entgegen, der Kern ihres Selbst, ihre Seele, und es war nicht nur Eitelkeit, nicht nur Eigenliebe, was sie dies gut, anmutig und wahr finden ließ. Dann sagte Miss Milan, dass der Rock kaum noch länger werden könne. Vielmehr müsse er wohl, so überlegte Miss Milan mit gerunzelter Stirn und unfehlbarem Kennerblick, ein Stück gekürzt werden. Da wurde Mabel auf einmal von aufrichtiger Liebe für Miss Milan erfüllt, die ihr plötzlich viel, viel wichtiger war als jeder andere Mensch auf der Welt, und sie hätte losweinen können vor Mitleid darüber, dass Miss Milan mit dem Mund voller Stecknadeln, rotem Gesicht und hervorquellenden Augen auf dem Boden herumkroch – dass ein menschliches Wesen dies für ein anderes tat, denn nun sah sie sie alle bloß als menschliche Wesen, und auch sich selbst, wie sie zur Party ging, und Miss Milan, wie sie die Decke über den Kanarienkäfig zog oder den Vogel einen Hanfsamen zwischen ihren Lippen herauspicken ließ, und beim Gedanken daran, an diese Seite der Menschennatur, ihre Geduld, ihre Langmut und ihre Fähigkeit, sich mit solch elenden, kargen, erbärmlichen kleinen Freuden zu begnügen, füllten sich Mabels Augen mit Tränen.

Und jetzt war das alles verschwunden. Das Kleid, die Werkstatt, die Liebe, das Mitleid, der Schnitzspiegelrahmen und der Kanarienkäfig – alles war verschwunden, und hier stand sie nun in einer Ecke von Mrs Dalloways Salon und litt Folterqualen – hellauf erwacht in der Wirklichkeit.

Dabei war es vollkommen armselig, schwachherzig und kleinkariert, in ihrem Alter und mit zwei Kindern immer noch so vollkommen von der Meinung anderer abzuhängen, statt Prinzipien oder Überzeugungen zu vertreten, so dermaßen unfähig zu sein, wie die anderen auszurufen: »Dort ist Shakespeare! Dort ist der Tod! Wir alle sind nichts als Rüsselkäfer in einem Stück Zwieback!«, oder was immer die anderen eben so ausriefen.

Sie wandte sich geradewegs ihrem Spiegelbild zu, zupfte an ihrer linken Schulter und stürzte sich ins Zimmer, als würde ihr gelbes Kleid aus allen Richtungen mit Speeren beworfen. Doch statt dabei kühn oder tragisch auszusehen, wie Rose Shaw es getan hätte – Rose hätte ausgesehen wie Boudicca auf dem Schlachtfeld –, wirkte sie tölpelhaft und verlegen, lächelte einfältig wie ein Schulmädchen und schlich ganz verhuscht durch den Raum, als wäre sie ein geprügelter Hund, betrachtete hier ein Gemälde, dort einen Kupferstich. Als ob irgendjemand zu einer Party ginge, um sich ein Bild anzusehen! Alle wussten, warum sie es tat – wegen der Scham, der Erniedrigung.

»Jetzt strampelt die Fliege im Schälchen«, sagte sie sich, »mitten darin und kann nicht heraus und die Milch«, dachte sie und blickte starr auf das Bild, »klebt ihr die Flügel zusammen.«

»Es ist so altmodisch«, sagte sie zu Charles Burt und hielt ihn dadurch auf (was er an sich schon hasste), als er gerade zu jemand anderem gehen wollte.

Dabei meinte sie nicht ihr Kleid, sondern das Bild, oder versuchte sich zumindest einzureden, das Bild zu meinen. Und nur ein Wort des Lobes oder der Zuneigung von Charles hätte ihr in diesem Moment einfach alles bedeutet. Wenn er nur gesagt hätte: »Mabel, Sie sehen hinreißend aus heute Abend!«, wäre das für sie lebensverändernd gewesen. Allerdings hätte sie dafür aufrichtig und ehrlich sein müssen. Charles sagte natürlich nichts in der Richtung. Er war die Niedertracht in Person, durchschaute einen, vor allem wenn man sich gerade besonders schäbig, armselig oder dumm vorkam.

»Mabel hat ein neues Kleid!«, sagte er und stieß damit die Fliege endgültig in die Mitte des Schälchens. Am liebsten wäre es ihm bestimmt, wenn sie ertränke, dachte sie. Er hatte kein Herz, keinen gütigen Kern, nur einen Anstrich aus Freundlichkeit. Miss Milan war viel echter, viel gütiger. Wenn man das nur fühlen könnte und das Gefühl für immer festhalten. »Warum«, so fragte sie sich – ihre Entgegnung an Charles geriet viel zu vorlaut, verriet ihm, dass sie aufgebracht war oder »gereizt«, wie er es nannte (»Ein bisschen gereizt heute?«, fragte er und ging weiter, um sich mit irgendeiner Frau dort drüben über sie lustig zu machen) – »warum«, fragte sie sich also, »kann ich nicht immer das eine fühlen, sicher sein, dass Miss Milan recht hat und Charles unrecht, und an dem Gefühl festhalten, sicher sein, was den Kanari angeht, das Mitleid und die Liebe, statt mich augenblicklich um hundertachtzig Grad zu drehen, wenn ich in ein Zimmer voller Leute komme?« Hier zeigte sich wieder ihr übler, schwacher, wankelmütiger Charakter, der im entscheidenden Moment stets nachgab und sich nicht wie Mary Dennis oder Violet Searle aufrichtig für Muschelkunde, Etymologie, Botanik, Archäologie oder Kartoffelzucht interessierte.

Irgendwann sah Mrs Holman sie dastehen und rückte ihr auf den Leib. So etwas wie ein Kleid entging natürlich der Aufmerksamkeit einer Mrs Holman, deren Familie unablässig die Treppe hinunterfiel oder Scharlach bekam. Wusste Mabel zufällig, ob Elmthorpe je für August und September vermietet wurde? Ach, dieses Gespräch langweilte Mabel unsäglich! Es machte sie fuchsteufelswild, wie ein Makler oder ein Botenjunge behandelt zu werden, dessen man sich bediente. Nichts wert zu sein, das ist es, dachte sie, während sie versuchte, etwas Festes, etwas Echtes zu fassen zu bekommen und gleichzeitig besonnen über das Badezimmer Auskunft zu geben, über die Südlage und das bis in den ersten Stock reichende Warmwasser. Dabei sah sie die ganze Zeit über Stückchen ihres gelben Kleids in diesem rundlichen Spiegel, der sie alle auf Stiefelknopf- oder Kaulquappengröße schrumpfte. Schon erstaunlich, wie viel Demütigung, Qual, Selbsthass, Mühe und leidenschaftliche Aufs und Abs ein Ding von der Größe eines Dreipennystücks enthielt. Und was noch seltsamer war: Dieses Ding, diese Mabel Waring, war vereinzelt, unverbunden. Und obwohl Mrs Holman (der schwarze Knopf) sich vorlehnte und ihr erzählte, dass ihr Ältester sich beim Rennen das Herz überanstrengt habe, konnte sie in dem Zerrspiegel sehen, dass auch Mrs Holman losgelöst war und dass der sich vorlehnende, gestikulierende schwarze Punkt den gelben, einsamen, ichbezogenen unmöglich fühlen zu lassen vermochte, was er selbst fühlte, und trotzdem taten sie so.

»Jungs sind eben nicht zu bändigen« – etwas in der Art sagte man dann.

Und Mrs Holman konnte nicht genug kriegen, schnappte sich gierig das kleine bisschen Mitgefühl, das da war, als hätte sie ein Anrecht darauf (verdient hätte sie viel mehr, denn ihre Kleine war heute Morgen mit einem geschwollen Knie heruntergekommen), nahm das armselige Geschenk und betrachtete es stirnrunzelnd, naserümpfend, als wäre es ein halber Penny, der ein Pfundstück hätte sein müssen, und steckte es in die Tasche, denn man musste sich wohl, war es auch noch so schäbig und mickrig, damit abfinden, schließlich herrschten harte Zeiten, oh, so harte Zeiten, und immer weiter redete die knarzende, versehrte Mrs Holman über das Mädchen mit den geschwollenen Gelenken. Ach, es war tragisch, diese Gier, dies Gezeter menschlicher Wesen, die wie eine Schar Kormorane krakeelend und flügelschlagend nach Mitgefühl riefen. Tragisch – wenn man es doch, statt nur so zu tun, hätte fühlen können!

In diesem gelben Kleid allerdings konnte sie heute Abend keinen weiteren Tropfen aus sich herauswringen. Sie wollte alles selbst haben, alles für sich. Sie wusste (während sie weiter in den Spiegel sah, weiter in dieses schreckliche, entlarvende Beckenblau tauchte), dass sie verdammt war, verschmäht, in der Einöde zurückgelassen aufgrund ihres schwachen, unentschlossenen Wesens. Und es kam ihr so vor, als ob das gelbe Kleid eine Buße sei, die sie verdient hatte, und dass sie, wenn sie wie Rose Shaw gekleidet wäre, in prächtiges, anschmiegsames Grün mit einem Kragen aus Schwanendaunen, dann eben dies verdient hätte. Und sie sah ein, dass es für sie kein Entkommen gab – nicht mal im Ansatz. Dabei war doch eigentlich gar nicht sie schuld. Sondern die zehnköpfige Familie, die beständige Geldnot, das dauernde Knausern und Sparen. Und ihre Mutter, die große Konserven trug, und das an den Treppenkanten abgelaufene Linoleum und ein nichtiges häusliches Unglück nach dem anderen – nichts Katastrophales, die Schafzucht schlägt fehl, aber nicht gänzlich, der ältere Bruder heiratet unter seinem Stand, aber nicht viel darunter –, es gab nichts Romantisches, nichts Extremes, bei keinem von ihnen. Unauffällig verliefen sie an Küstenörtchen im Sande. Selbst jetzt noch schlummerte wohl in jedem zweiten Kurort eine Tante von ihr hinter einer Fensterfront, die nicht so richtig aufs Meer hinausging. Das sah ihnen so ähnlich, immer mussten sie sich nach allem die Augen aus dem Kopf gucken. Und sie hatte das Gleiche getan, war genau wie ihre Tanten. Bedachte man all ihre Träume von einem Leben in Indien und einer Heirat mit einem Helden wie Sir Henry Lawrence, einem verdienstvollen Sohn des Empire (noch immer versetzte der Anblick eines Einheimischen mit Turban sie in Verzückung), so hatte sie jämmerlich versagt. Sie hatte Hubert geheiratet, Hubert mit seiner festen, sicheren Stelle im unteren juristischen Dienst, und sie kamen leidlich zurecht in dem übersichtlichen Häuschen, ohne richtiges Personal, und wenn sie allein war, gab es Haschee oder einfach ein Butterbrot, aber hin und wieder – Mrs Holman, die Mabel mittlerweile für die verklemmteste, muffigste Auster hielt, die sie je getroffen hatte, absonderlich gekleidet noch dazu, war gegangen, um allen von Mabels wahnwitziger Aufmachung zu berichten –, hin und wieder, dachte Mabel Waring, die jetzt allein auf dem blauen Sofa das Zierkissen aufklopfte, um beschäftigt auszusehen, denn sie würde sich keinesfalls zu Charles Burt und Rose Shaw gesellen, die am Kamin wie die Elstern schwatzten und sich vermutlich gerade über sie lustig machten – hin und wieder wurden ihr köstliche Augenblicke zuteil, so wie letztens, als sie nachts im Bett gelesen hatte, oder vor einer Weile, an Ostern, als sich auf dem sonnenbeschienenen Strand – lassen wir sie zurückdenken – ein blasser Schopf Strandhafer wild zerzaust wie eine Lanzengarbe von einem Himmel abhob, der so blau war wie ein glänzendes Porzellanei, so glatt, so fest, und dazu die Melodie der Wellen – »Psst, psst«, sagten sie, und die Rufe der planschenden Kinder – ja, das war ein herrlicher Augenblick, und sie selbst lag da, das fühlte sie, in der Hand der Göttin, die die Welt war, einer eher hartherzigen, aber sehr schönen Göttin, ein kleines Lamm auf ihrem Altar (derlei Dummheiten dachte man beizeiten, und das machte nichts, solange man sie nicht aussprach). Und auch mit Hubert hatte sie recht unerwarteterweise – beim Zerlegen der sonntäglichen Hammelkeule, ohne ersichtlichen Grund, beim Öffnen eines Briefs, beim Betreten eines Zimmers – herrliche Augenblicke, in denen sie zu sich (niemals zu jemand anderem) sagte: »Das ist es. Das ist passiert. Das ist es!« Und andersherum war es ebenso überraschend, nämlich wenn alles perfekt war – Musik, Wetter, Ferien, wenn jeglicher Grund zur

Freude gegeben war – dann passierte gar nichts. Kein Anzeichen von Glück. Alles nur stumpf, schal, sonst nichts.

Das lag bestimmt wieder an ihrem jämmerlichen Selbst! Sie war schon immer eine reizbare, schwache, unzulängliche Mutter gewesen, eine kraftlose Ehefrau, die in einem Zustand vor sich hin dämmerte, in dem nichts sonderlich klar oder sonderlich ausgeprägt war, nicht einmal eins etwas mehr als das andere, und darin glich sie all ihren Geschwistern, außer Herbert vielleicht – all diesen armseligen Wesen, in deren Adern Wasser floss und die nichts taten. Dann aber wurde sie jäh aus diesem kriechenden, krabbelnden Dasein auf einen Wellenkamm emporgehoben. Dann kämpfte sich die jämmerliche Fliege – wo hatte sie bloß diese Geschichte her, die ihr nicht mehr aus dem Kopf ging? – aus dem Schälchen heraus. Ja, solche Momente gab es. Doch sie war jetzt vierzig und vielleicht würden sie immer seltener werden. Nach und nach würde sie den Kampf aufgeben. Aber das war ja zum Heulen! Nicht auszuhalten! Einfach beschämend!

Morgen würde sie zur London Library gehen. Ihr würde ein herrliches, hilfreiches, faszinierendes Buch eines Geistlichen in die Hände fallen, eines Amerikaners, von dem man noch nie etwas gehört hatte. Oder sie würde den Gehweg der Strand entlangspazieren, in den Vortrag eines Bergarbeiters über das Leben in den Minen hineinstolpern und plötzlich ein neuer Mensch werden, sich ganz und gar verwandeln. Sie würde eine Schwesterntracht tragen, Schwester Irgendwer heißen und nie wieder auch nur einen Gedanken an Kleidung verschwenden. Und von da an wäre sie sich über Charles Burt im Klaren, über Miss Milan, über dieses Zimmer und jenes Zimmer. Es wäre auf ewig Tag für Tag so, als läge sie in der Sonne oder zerlegte die Hammelkeule. Das wäre es!

So stand sie also von dem blauen Sofa auf und der gelbe Knopf im Spiegel tat es ihr gleich. In die Richtung von Charles und Rose nur ein kurzes Winken, damit beide sahen, wie unendlich wenig sie auf sie angewiesen war, und dann bewegte sich der gelbe Knopf aus dem Spiegel heraus und sämtliche Speere gleichzeitig trafen in ihre Brust, als sie auf Mrs Dalloway zutrat und »Gute Nacht« wünschte.

»Aber es ist doch noch viel zu früh«, sagte die stets so bezaubernde Mrs Dalloway.

»Ich muss leider trotzdem gehen«, sagte Mabel Waring. »Aber«, ergänzte sie mit ihrer kraftlosen, zittrigen Stimme, die nur lächerlich klang, wenn sie ihr mehr Nachdruck zu verleihen versuchte, »ich habe den Abend außerordentlich genossen.«

»Ich habe den Abend genossen«, sagte sie zu Mr Dalloway auf der Treppe.

»Lügen, Lügen, Lügen!«, sagte sie zu sich selbst beim Hinuntergehen, und »Mitten im Schälchen!«, sagte sie zu sich selbst, als sie Mrs Barnet für die Hilfe dankte und sich hinein und hinein und hinein in den chinesischen Mantel wickelte, den sie seit zwanzig Jahren trug.

Augenblicke des Daseins: »Slater's-Nadeln haben keine Spitzen«

»Slater's-Nadeln haben keine Spitzen, findest du nicht auch?«, fragte Miss Craye, die sich umdrehte, als Fanny Wilmot die Rose vom Kleid fiel und sie sich mit den Ohren voller Musik bückte, um auf dem Boden nach der Nadel zu suchen.

Diese Worte versetzten Fanny einen tüchtigen Schreck, während Miss Craye den letzten Akkord der Bachfuge anschlug. Ging Miss Craye wahrhaftig zu Slater's und kaufte dort Nadeln?, fragte sich Fanny Wilmot und hielt fasziniert inne. Stellte sie sich wie jede andere vor der Kasse an, bekam mit der Quittung das Wechselgeld, steckte es in die Tasche und sortierte eine Stunde später die Nadeln in ihren Frisiertisch? Wozu brauchte sie Nadeln? Schließlich war sie weniger gekleidet als gepanzert, kompakt wie ein Käfer in seiner Hülle, blau im Winter, grün im Sommer. Welche Verwendung hatte sie – Julia Craye – für Nadeln, wo sie doch anscheinend in der kühlen Glaswelt der Bachfugen lebte, darin sie sich vorspielte, was ihr gefiel, und die ein oder zwei Schülerinnen am Archer Street College of Music (so sagte die Direktorin Miss Kingston) nur ihr zuliebe unterrichtete, die für sie »in jeder Hinsicht die größte Bewunderung« hegte. Miss Craye war, so fürchtete

Miss Kingston, schmählich auf der Strecke geblieben, als ihr Bruder starb. Ach, was besaßen die beiden für Herrlichkeiten damals in Salisbury, und ihr Bruder Julius war natürlich ein sehr angesehener Mann: ein berühmter Archäologe. Es war ein großes Privileg, sie besuchen zu dürfen, sagte Miss Kingston (»Meine Familie kannte sie schon ewig – waschechte Salisburyer«, sagte Miss Kingston), aber für ein Kind auch ein bisschen furchteinflößend. Man musste immer aufpassen, nicht etwa mit der Tür zu knallen oder unangemeldet ins Zimmer zu hopsen. Miss Kingston, die derlei kleine Charakterstudien am ersten Schultag zum Besten gab, wenn sie die Schecks entgegennahm und quittierte, lächelte an dieser Stelle. Ja, sie war doch ein ziemlicher Wildfang gewesen, war mit einem Elan hereingehopst, dass all die grünen Römergläser und dergleichen in ihrem Schaukasten nur so getanzt hatten. Die Crayes waren nicht verheiratet. Die Crayes waren nicht an Kinder gewöhnt. Sie hatten Katzen. Diese Katzen, so kam es einem vor, verstanden von römischen Urnen und dergleichen mehr als die meisten.

»Jedenfalls weitaus mehr als ich!«, lachte Miss Kingston und setzte in ihrer beherzten, heiteren, kernigen Schrift ihren Namenszug auf den Stempel, denn sie war seit jeher praktisch veranlagt.

Vielleicht, dachte Fanny Wilmot, während sie nach der Nadel suchte, hatte Miss Craye dieses »Slater's-Nadeln haben keine Spitzen« bloß auf gut Glück gesagt. Weder sie noch ihr Bruder hatten je geheiratet. Miss Craye hatte nicht die geringste Ahnung von Nadeln. Aber sie wollte den Bann durchbrechen, der sich über das Haus gelegt hatte, die Glaswand durchbrechen, die sie und ihren Bruder von anderen Menschen trennte. Als Polly Kingston, dieses fröhliche kleine Mädchen, die Tür geknallt und die römischen Vasen zum Tanzen gebracht hatte, blickte Julius – nachdem er sich vergewissert hatte, dass kein Schaden entstanden war (denn das war sein erster Impuls) – ihr nach, da der Schaukasten ja im Fenster stand, wie sie durch die Felder nach Hause sprang. Blickte ihr nach mit dem oft so sinnenden, inständigen Blick seiner Schwester.

»Sterne, Sonne, Mond«, schien dieser Blick zu sagen, »Gänseblümchen im Gras, Feuer, Frost an der Scheibe, zu euch hinaus strebt mein Herz. Doch«, so schien er immer hinzuzufügen, »ihr zerbrecht, schwindet, vergeht.« Und gleichzeitig umfasste er die Intensität beider Gefühle mit einem wehmütigen, enttäuschten: »Ich kann euch nicht erreichen, kann nicht bei euch sein.« Dann verblassten die Sterne und das Kind ging fort.

Dergestalt war der Bann, die gläserne Oberfläche, die Miss Craye durchbrechen wollte, indem sie nach einem wunderschönen Bachvortrag als Belohnung für eine Lieblingsschülerin (Fanny Wilmot wusste, dass sie Miss Crayes Lieblingsschülerin war) zeigen wollte, dass auch sie, so wie andere Leute, sich mit Nadeln befasste. Slater's-Nadeln hatten keine Spitzen.

Ja, der »berühmte Archäologe« hatte auch diesen Blick gehabt. »Der berühmte Archäologe« – als Miss Kingston dies, Schecks unterzeichnend, das Datum prüfend, so heiter und geradeheraus sagte, lag in ihren Worten ein unbestimmbarer Tonfall, der auf etwas Seltsames hinwies, auf etwas Absonderliches an Julius Craye. Auf etwas vielleicht, das auch an Julia seltsam war. Man hätte schwören können, dachte Fanny Wilmot, während sie nach der Nadel suchte, dass Miss Kingston auf einer Gesellschaft oder bei einer Versammlung (ihr Vater war Pfarrer) ein Gerücht aufgeschnappt oder vielleicht auch nur ein gewisses Lächeln oder einen Tonfall bei der Erwähnung seines Namens bemerkt habe, wodurch ihr »ein Gefühl« betreffs Julius Craye eingegeben worden sei. Unnötig zu erwähnen, dass sie nie mit jemandem darüber gesprochen hatte. Wahrscheinlich wüsste sie eh kaum zu sagen, was sie damit meinte. Doch wann immer sie über Julius sprach oder irgendwer ihn erwähnte, musste sie sofort daran denken: Etwas war seltsam an Julius Craye.

So blickte auch Julia jetzt, während sie lächelnd halb umgewandt auf dem Klavierhocker saß. Dort auf dem Feld, am Fenster, am Himmel, dort ist es –

das Schöne. Und ich kann es nicht erreichen, kann es nicht haben – ich, schien sie mit dieser für sie so typischen flüchtigen Greifbewegung hinzuzufügen, ich, die ich es dermaßen leidenschaftlich bewundere, die ich die ganze Welt hergäbe, um es zu besitzen! Und während Fanny weiter nach der Nadel suchte, hob Julia die heruntergefallene Nelke auf. Sie zerdrückte sie, spürte Fanny, lustvoll in ihren glatten, aderigen Händen voller wasserfarbener Perlenringe. Dieser Fingerdruck schien all das zu verstärken, was an der Blüte am prächtigsten war. Es zu betonen. Um sie noch bauschiger, frischer, makelloser zu machen. Seltsam war an Julia und vielleicht auch an ihrem Bruder, dass dieses Drücken, dieses Greifen mit einer beständigen Enttäuschung einherging. Wie auch jetzt bei der Nelke. Sie hielt sie in den Händen und drückte sie, doch sie besaß sie nicht, genoss sie nicht, jedenfalls nicht ganz und gar.

Weder er noch sie hatten geheiratet, erinnerte sich Fanny Wilmot. Ihr fiel ein, wie Julia Craye eines Abends, als die Unterrichtstunde länger als gewöhnlich geraten und es schon dunkel geworden war, gesagt hatte: »Es ist doch gewiss die Aufgabe der Männer, uns zu beschützen.« Dabei hatte sie sich, wieder so seltsam lächelnd, den Mantel zugeknöpft, der ihr, so wie die Blüte, bis in die Fingerspitzen Jugend und Pracht bewusst machte, sie jedoch auch, abermals wie die Blüte, mutmaßte Fanny, hemmte.

»Oh, aber ich will gar nicht beschützt werden«, hatte Fanny lachend entgegnet und war, als Julia Craye diesen unvergleichlichen Blick auf sie gerichtet und gesagt hatte, dass sie sich da nicht so sicher sei, angesichts der Bewunderung in ihren Augen knallrot angelaufen.

Wozu Männer denn sonst da seien, hatte Julia gefragt. War etwa das der Grund dafür, überlegte Fanny, die noch immer den Boden absuchte, dass sie nie geheiratet hatte? Immerhin hatte sie ja nicht ihr ganzes Leben in Salisbury verbracht. »Das mit Abstand schönste Fleckchen in London«, hatte sie einmal gesagt, »wenigstens galt das vor fünfzehn oder zwanzig Jahren, ist Kensington. In kaum zehn Minuten war man in den Kensington Gardens – und fühlte sich wie auf dem Land. Man konnte in leichten Schuhen zum Dinner ausgehen, ohne sich zu erkälten. Kensington, das war nämlich ein Dorf damals«, hatte sie gesagt.

Und sich dann unterbrochen, um bitterlich über die zugigen U-Bahnhöfe zu schimpfen.

Das sei die Aufgabe der Männer, hatte sie mit seltsam ironischer Schärfe verkündet. Trug das etwas zur Klärung der Frage bei, warum sie nicht geheiratet hatte? Man mochte sich eine beliebige Szene aus ihrer Jugend vorstellen, in der sie dank ihrer gütigen blauen Augen, ihrer schmalen, geradlinigen Nase, ihres Klavierspiels und der mit keuscher Leidenschaft am Dekolleté ihres Musselinkleids blühenden Rose zuerst denjenigen jungen Männern aufgefallen war, die derlei ebenso wie die Porzellanteetassen, die silbernen Kerzenhalter und den Intarsientisch – denn die Crayes besaßen solch hübsche Dinge – herrlich fanden. Jungen Männern, die nicht vornehm genug waren. Jungen Männern aus der Kathedralenstadt, die Ambitionen hegten. Ihnen war sie zuerst aufgefallen, und dann den Freunden ihres Bruders aus Oxford und Cambridge, die im Sommer heruntergefahren kamen, sie auf dem Fluss spazieren ruderten, das Gespräch über Browning per Brief fortsetzten und vielleicht, während Julias seltenen Aufenthalten in London, einen gemeinsamen Ausflug arrangierten – in die Kensington Gardens?

»Das mit Abstand schönste Fleckchen in London – Kensington. Wenigstens galt das vor fünfzehn oder zwanzig Jahren«, hatte sie einmal gesagt. »In kaum zehn Minuten in den Kensington Gardens – wie auf dem Land.« Daraus konnte man machen, was man wollte, dachte Fanny Wilmot, zum Beispiel Mr Sherman, den Maler, herauspicken, einen langjährigen Freund von Julia. Ihn sie abholen lassen an einem sonnigen Tag im Juni, wie verabredet, zu einem Teepicknick unter den Bäumen. (Auch sie hatten sich bei einer dieser Partys getroffen, zu denen man in leichten Schuhen hintänzelte, ohne eine Erkältung fürchten zu müssen.) Dort hatte die Tante, oder welche ältere Verwandte auch immer dabei war, zu warten, während Julia und er über den Serpentine blickten. Sie blickten über den Serpentine. Vielleicht ruderte er sie auch hinüber. Sie verglichen den See mit dem Avon. Sie hätte diesen Vergleich sehr vehement auf den Prüfstand gestellt, denn Flussansichten waren ihr wichtig. Sie saß etwas krumm, etwas linkisch, obwohl sie damals sehr anmutig war, und steuerte. In dem kritischen Augenblick, denn er hatte beschlossen, er müsse nun unbedingt sprechen – dies hier war seine einzige Gelegenheit, mit ihr allein zu sein –, als er vor lauter Nervosität über die Schulter, mit absurd verdrehtem Hals zu ihr sprach – genau in dem Augenblick schnitt sie ihm das Wort ab. Er rudere sie ja schnurstracks gegen die Brücke, rief sie. Es war ein Moment des Schreckens, der Ernüchterung, der Enthüllung – für sie beide. Ich kann es nicht haben, es nicht besitzen, dachte sie. Und er verstand nicht, warum sie dann überhaupt mitgekommen war. Mit laut platschenden Rudern wendete er. Bloß um ihn zu brüskieren? Er ruderte sie zurück und sagte Lebwohl.

Ausgestalten ließe die Szene sich ganz nach Belieben, dachte Fanny Wilmot. (Wo war nur diese Nadel hingefallen?) Der Schauplatz könnte Ravenna sein. Oder Edinburgh, wo Julia den brüderlichen Haushalt geführt hatte. Der Ablauf ließe sich ändern, ebenso der junge Mann und die genaue Atmosphäre, doch eins wäre unveränderlich: Julias Ablehnung, ihr Stirnrunzeln, ihr späterer Ärger über sich selbst, ihr Beweggrund und ihre Erleichterung – ja, vor allem ihre riesige Erleichterung. Vielleicht stünde sie am nächsten Tag um sechs Uhr auf, zöge ihren Mantel an und liefe den ganzen Weg von Kensington zum Fluss. Sie war so dankbar, dass sie nicht ihr Recht geopfert hatte, loszugehen und sich die Dinge anzusehen, wenn sie am schönsten waren – nämlich dann, wenn die anderen Leute noch schliefen. Sie konnte im Bett frühstücken, wann immer es ihr gefiel. Sie hatte ihre Unabhängigkeit nicht geopfert.

Ja, dachte Fanny Wilmot lächelnd, Julia hatte ihre Gewohnheiten nicht in Gefahr gebracht. Sie blieben sicher und geborgen, statt durch eine Heirat in Mitleidenschaft gezogen zu werden. »Unholde, allesamt«, hatte sie eines Abends halb im Scherz gesagt, als eine andere, frisch verheiratete Schülerin plötzlich fürchtete, die Ankunft ihres Ehemanns zu verpassen, und eilig davonstürmte.

»Unholde, allesamt«, hatte sie gesagt und grimmig gelacht. Ein Unhold wäre womöglich hinderlich gewesen, was das Frühstück im Bett betraf. Und die Spaziergänge frühmorgens zum Fluss. Was wäre passiert (doch das war fast nicht auszudenken), wenn sie Kinder gehabt hätte? Sie traf erstaunliche Vorkehrungen gegen Kälte, Erschöpfung, fettes Essen, falsches Essen, Zugluft, überheizte Zimmer und U-Bahn-Fahrten, weil sie nie hatte herausfinden können, was davon ihr diese schrecklichen Kopfschmerzen bereitete, durch die ihr Leben einer Feldschlacht glich. Dass sie sich schon so lange damit beschäftigte, dem Feind ein Schnippchen zu schlagen, machte einen fast glauben, dies Katz-und-Maus-Spiel läge ihr allmählich am Herzen. Hätte sie den Feind endgültig besiegen können, fände sie das Leben wohl etwas langweilig. Doch so wie die Dinge lagen, ging das Tauziehen endlos weiter: auf der einen Seite die Nachtigall oder der Ausblick, den sie leidenschaftlich liebte – ja, für Ausblicke und Vögel empfand sie nichts Geringeres als Leidenschaft –, auf der anderen Seite der schlammige Weg oder die scheußlich lange Strecke den steilen Hügel hinauf, wodurch sie gewiss am nächsten Tag zu nichts mehr zu gebrauchen und mit einem ihrer Kopfschmerzanfälle geschlagen wäre. Setzte sie also von Zeit zu Zeit ihre Kräfte geschickt ein und zog erfolgreich gen Hampton Court, wenn die Krokusse – diese glänzenden, fröhlichen Blumen mochte sie am allerliebsten – besonders schön waren, dann war das ein Sieg. Etwas, das überdauerte, das von ewiger Bedeutung war. Einen solchen Nachmittag fädelte sie dann auf ihre Perlenkette denkwürdiger Tage, die kurz genug war, dass sie sich stets jeden einzelnen – diesen Ausblick, jene Stadt – ins Gedächtnis rufen konnte, ihn betasten und wohlig seufzend die Beschaffenheit erfühlen, die ihn einzigartig machte.

»Es war so schön letzten Freitag«, sagte sie, »dass ich einfach dort hinmusste.« Und so war sie denn zur Station Waterloo aufgebrochen, zum Start ihrer großen Unternehmung – einem Ausflug nach Hampton Court, allein. Natürlicher-, wenn auch vielleicht törichterweise bemitleidete man sie für etwas, für das sie nie Mitleid einforderte (tatsächlich war sie sehr zurückhaltend, sprach von ihren Wehwehchen höchstens wie ein Krieger vom Feind) – nämlich dafür, stets alles allein zu tun. Ihr Bruder war tot. Ihre Schwester asthmatisch. Sie fand, das Klima in Edinburgh tue ihr gut. Julia war es zu rau. Vielleicht schmerzten sie auch die Erinnerungen, denn ihr Bruder, der berühmte Archäologe, war dort gestorben. Und sie hatte ihren Bruder geliebt. Das Häuschen nahe der Brompton Road bewohnte sie ganz allein.

Fanny Wilmot entdeckte die Nadel auf dem Teppich und hob sie auf. Sie betrachtete Miss Craye. War Miss Craye denn einsam? Nein, Miss Craye war, wenn auch vielleicht nur in diesem Augenblick, auf verlässliche, freudvolle Weise eine glückliche Frau. Fanny hatte sie in einem Moment der Verzückung überrascht. Sie saß da, halb abgewandt vom

Klavier, auf dem Schoß die verschränkten Hände mit der aufrechten Nelke darin, während sich hinter ihr, zwischen den geöffneten Vorhängen, das scharfe Viereck des Fensters abhob, violett in der Dämmerung, sattviolett trotz der grellen elektrischen Lampen, die unbeschirmt in dem kahlen Musikzimmer brannten. Julia Craye, die reglos und vorgebeugt dasaß und ihre Blume festhielt, schien aus dem Londoner Abend aufzutauchen, schien ihn sich wie einen Mantel umzuwerfen. In seiner Schlichtheit und Leuchtkraft schien er aus ihrem Geist herauszuströmen, etwas von ihr Erschaffenes zu sein, das sie umgab, das ihr Selbst war. Fanny Wilmot starrte.

Alles erschien ihrem Blick einen Moment lang wie transparent, so als schaute sie durch Miss Craye hindurch und sähe den ureigenen Quell ihres Daseins in reinsilbernen Tropfen heraufsprühen. Immer tiefer und tiefer sah sie hinein in die Vergangenheit hinter ihr. Sie sah grüne römische Vasen im Schaukasten, hörte Chorknaben Kricket spielen, sah Julia sacht die gewundene Treppe zum Rasen hinunterschreiten, sah sie unter der Zeder Tee einschenken, behutsam die Hände des alten Mannes mit ihren umschließen, sah sie durch die Flure dieser uralten kathedralhaften Wohnstatt geistern, mit Handtüchern im Arm, die sie kennzeichnen wollte, und dabei über die Belanglosigkeit des täglichen Lebens klagen, sah sie langsam älter werden und zu Sommeranfang Kleider aussortieren, die zu farbenfroh waren, als dass man sie in ihrem Alter noch trug, sah sie ihren kranken Vater pflegen und sich mit zunehmend starrem Willen eine immer breitere Schneise zu ihrem einen, einzigen Ziel schlagen, sah sie bescheiden reisen, Kosten berechnen und aus ihrer fest geschlossenen Geldbörse die für diesen Ausflug oder jenen alten Spiegel benötigte Summe abzählen, sah sie, ganz gleich was die Leute sagten, stur daran festhalten, sich ihre Freuden selbst auszusuchen. Sie sah Julia –

Sie sah Julia die Arme ausbreiten, sah sie auflodern, sah sie entflammen. Aus der Nacht heraus brannte sie wie ein toter weißer Stern. Julia küsste sie. Julia besaß sie.

»Slater's-Nadeln haben keine Spitzen«, sagte Miss Craye, lachte seltsam und ließ die Arme sinken, als Fanny Wilmot sich mit zitternden Fingern die Blume zurück an die Brust steckte.

Die Dame im Spiegel: Eine Reflexion

Ebenso wenig wie ein aufgeschlagenes Scheckbuch oder ein grausiges Bekennerschreiben sollten sich die Leute einen Spiegel ins Zimmer hängen. Nirgend anders vermochte man an jenem Sommernachmittag hinzublicken als in diese längliche Scheibe draußen im Flur. Der Zufall wollte es so. Von den Tiefen des Wohnzimmersofas aus sah man im italienischen Glas nicht nur die Marmortischplatte gegenüber, sondern auch ein gutes Stück des Gartens dahinter, in dem ein Rasenpfad zwischen hohen Blumen bis dorthin verlief, wo der Goldrahmen ihn abschnitt.

Niemand befand sich im Haus und als einziger Mensch im Wohnzimmer fühlte man sich wie einer dieser Naturforscher, die sich getarnt mit Gras und Blättern auf den Bauch legen, um die scheuesten aller Geschöpfe – Dachse, Otter, Eisvögel – unbemerkt in freier Wildbahn zu beobachten. An jenem Nachmittag tummelten sich dort im Zimmer allerlei solch scheuer Kreaturen, Lichter und Schatten, sich bauschende Vorhänge, fallende Blütenblätter – Dinge, die, wie es scheint, nur geschehen, wenn niemand hinsieht. In der ländlichen Stille, auf den Teppichen und Kaminsimsen, den durchhängenden

Bücherregalen und goldenen Lackschränkchen wimmelte es von derlei Nachtgetier. Es drehte Pirouetten auf den Dielen, in zierlichem Stelzschritt, mit gespreizten Schwanzfedern und anspielungsreich gerecktem Schnabel wie eine Schar Kraniche oder eleganter Flamingos in verblasstem Rosa, oder wie Pfauen mit silbern geäderten Schleppen. Auch bildeten sich rätselhafte Wirbel und Verdunklungen, als hätte ein Tintenfisch die Luft schwallartig tiefviolett gefärbt. Das Zimmer hegte Leidenschaften wie ein Mensch, Zorn und Neid und Trauer überkamen, überschatteten es. Nichts blieb auch nur zwei Sekunden lang, wie es war.

Im Flur jedoch reflektierte der Spiegel den Marmortisch, die Sonnenblumen, den Gartenpfad so akkurat und starr, dass sie dort in ihrem Dasein unentrinnbar festgehalten schienen. Welch seltsamer Kontrast das war – stetiger Wandel hier, völliger Stillstand dort. Man blickte unwillkürlich vom einen zum anderen. Derweil ertönte, da wegen der Hitze alle Türen und Fenster offen standen, ein beständiges Seufzen und Ausklingen, die Stimme der Flüchtigkeit und des Vergehens, so schien es, die wie ein Menschenatem herein- und hinausströmte, während im Spiegel alles zu atmen aufgehört hatte, in regloser Trance der Unsterblichkeit lag.

Vor einer halben Stunde war die Herrin des Hauses, Isabella Tyson, in ihrem leichten Sommerkleid mit einem Korb unterm Arm den Rasenpfad hinuntergegangen und, vom Goldrahmen des Spiegels abgeschnitten, verschwunden. Vermutlich hatte sie den weiter unten gelegenen Gartenteil aufgesucht, um Schnittblumen zu pflücken oder, was naheliegender schien, etwas Leichtes und Abgehobenes, sich in üppiges Blattwerk Ergießendes – Klematis etwa, oder ein paar Ranken der eleganten Winden, die sich um hässliche Mauern schlingen und bald hier, bald dort in weiß-violettes Blühen ausbrechen. Denn sie ließ einen eher an die luftige, bebende Winde denken als an die aufrechte Aster, die steife Zinnie oder ihre selbst gezüchteten flammenden Rosen, die in den Beeten leuchteten wie langstielige Laternen. Der Vergleich macht deutlich, wie wenig man über sie wusste, selbst nach all diesen Jahren. Wie soll eine fünfundfünfzig- oder sechzigjährige Frau aus Fleisch und Blut ein Blütengezweig, eine Ranke sein? Derlei Vergleiche sind mehr als müßig und oberflächlich – schlimmer noch, sie sind grausam, weil sie, wie die Windenblüten selbst, zwischen unserem Blick und der Wahrheit umherzittern. Es muss Wahrheit geben, es muss eine Mauer geben. Und doch war es seltsam, dass man nach all den Jahren der Bekanntschaft nicht zu sagen wusste, was das Wahre an Isabella war. Stattdessen dachte man sich immer noch Sprüche wie die über Winden und Klematis aus. Was die Tatsachen anging: Es war Tatsache, dass sie unverheiratet war, dass sie reich war, dass sie dieses Haus gekauft und es mit eigenhändig zusammengetragenen Stücken – oft aus den finstersten Winkeln der Erde und unter dem Risiko, sich einen Giftstachel oder eine exotische Krankheit einzufangen – gefüllt hatte, mit den Teppichen, Stühlen und Schränken, deren nächtliches Getümmel sich nun gerade vor einem abspielte. Manchmal schien es, als wüssten sie mehr über Isabella, als wir, die wir auf ihnen saßen, an ihnen schrieben und behutsam über sie schritten, wissen durften. Jeder dieser Schränke hatte viele kleine Schubladen, von denen jede fast ganz gewiss Briefe enthielt, mit Bändern umwickelt und mit Lavendelzweigen und Rosenblättern bestreut. Denn es war außerdem Tatsache – wenn man denn Tatsachen wollte –, dass Isabella viele Leute gekannt, viele Freunde gehabt hatte. Wenn man also die Dreistigkeit besäße, eine der Schubladen zu öffnen und die Briefe zu lesen, so fände man Spuren von vielerlei Aufgeregtheiten, von Verabredungen, sich zu treffen, und von Vorwürfen, sich nicht getroffen zu haben, lange Briefe voll Intimität und Zuneigung, wüste Briefe voll Eifersucht und Schmach, schreckliche letzte Worte der Trennung, denn all diese Gespräche und Rendezvous hatten zu nichts geführt. So war sie denn unverheiratet geblieben und hatte doch, der maskenartigen Gleichgültigkeit in ihrem Gesicht nach zu urteilen, zwanzigmal mehr Leidenschaft und Erfahrung durchlebt als jene, deren Liebesaffären in die Welt posaunt werden. Bei all diesem angespannten Nachdenken über Isabella wurde ihr Zimmer noch schattenhafter und symbolgeladener: Die Raumecken wirkten dunkler, die Stuhl- und Tischbeine dürrer und hieroglyphischer.

Da wurden diese Reflexionen gewaltsam, wenn auch lautlos beendet. Eine große, schwarze Gestalt erhob sich im Spiegel, bis alles andere ausgelöscht war, warf einen Stapel grau- und rosageäderte Marmortafeln auf den Tisch – und verschwand. Doch das Bild war nun völlig verändert. Für einen Augenblick war es ganz und gar unkenntlich, absurd und verschwommen. Man wusste diese Tafeln keinem menschlichen Zweck zuzuordnen. Erst ganz allmählich machte die Logik sich an ihnen zu schaffen, ordnete sie, schob sie zurecht und brachte sie zurück in den Schoß des Alltags. Bis man schließlich begriff, dass es nur Briefe waren. Der Mann hatte die Post gebracht.

Da lagen sie nun auf der Marmortischplatte, zunächst triefend von Licht und Farbe, krude und oberflächlich. Bald aber sah man staunend, wie sie vereinnahmt wurden, arrangiert und drapiert und ins Ganze gefügt, wie ihnen jene Reglosigkeit und Unsterblichkeit zuteilwurden, die der Spiegel den Dingen verlieh. So lagen sie dort jetzt mit neuem

Dasein, neuer Bedeutung und auch mit größerer Schwere, so als könnte man sie nur noch mit einem Stemmeisen von dem Tisch lösen. Und ob es nun Einbildung war oder nicht, die lässlichen Briefe schienen sich in gravierte Tafeln mit ewigen Wahrheiten darauf verwandelt zu haben – wer sie läse, könnte alles, was es zu erfahren gab, über Isabella erfahren, ja, und auch über das Leben. Den Bögen in jenen marmorgleichen Umschlägen musste tief und dicht etwas Bedeutendes eingekerbt sein. Isabella beträte das Haus, nähme einen nach dem andern ganz langsam zur Hand, öffnete sie und läse sehr sorgfältig Wort für Wort, um dann mit einem tiefen Seufzer des Verstehens, als hätte sie auf den Grund allen Seins geblickt, die Umschläge in kleine Fetzen zu reißen, die Briefe zusammenzubinden und sie mit ihrer Entschlossenheit, alles zu verbergen, was sie nicht bekannt wissen wollte, in die Schrankschublade zu sperren.

Der Gedanke glich einer Herausforderung. Isabella wollte nicht gekannt werden – aber sie würde nicht länger entkommen. Es war absurd, es war ungeheuerlich. Wenn sie so vieles verbarg und so vieles wusste, musste man sie wohl mit dem erstbesten Werkzeug knacken, das einem in die Hand fiel – mit der Vorstellungskraft. Man musste sich im Hier und Jetzt auf sie konzentrieren. Musste sie dingfest machen. Durfte sich nicht länger mit aus dem Moment geborenen Floskeln und Spielereien abspeisen lassen – mit Abendessen, Besuchen und höflichen Konversationen. Man musste sozusagen in ihre Schuhe schlüpfen. Wenn man den Ausdruck wörtlich nahm, sah man mühelos die Schuhe vor sich, die sie dort unten im Garten jetzt trug. Sehr schmal und modisch, gefertigt aus butterweichem, geschmeidigem Leder. Exquisit, wie all ihre Kleidung. Und darin stand sie nun also unter dem Heckenbogen im hinteren Teil des Gartens und hob die Schere, die ihr an der Hüfte hing, um eine welke Blüte oder einen herausgewachsenen Zweig abzuschneiden. Sicher schien ihr gleich die Sonne ins Gesicht, in die Augen. Doch nein, im letzten Moment schob ein Wolkenschleier sich vor die Sonne, sodass der Blick ihrer Augen nun Zweifel aufgab – war er spöttisch oder zärtlich, strahlend oder trüb? Man sah nichts als den vagen Umriss ihres leicht verblühten, feinen Gesichts, das zum Himmel gerichtet war. Vielleicht dachte sie daran, ein neues Vogelnetz fürs Erdbeerbeet zu bestellen, Johnsons Witwe Blumen zu schicken oder dass es an der Zeit war hinüberzufahren, um die Hippesleys in ihrem neuen Haus zu besuchen. Derlei sagte sie zumindest beim Abendessen. Doch man wollte nicht länger hören, was sie beim Abendessen sagte. Ihren tieferen Seinszustand wollte man einfangen und in Worte fassen, jenen Zustand, der dem Geist ist, was dem Körper das Atmen – das, was man Glücklichsein oder Unglücklichsein nennt. Natürlich wurde sogleich klar, dass sie glücklich sein musste. Sie war reich, distinguiert, hatte viele Freunde, reiste – kaufte Teppiche in der Türkei und blaues Geschirr in Persien. Strahlen der Wonne fächerten sich von dort auf, wo sie mit erhobener Schere stand, um die zitternden Zweige zu stutzen, während die zarten Wolken ihr Gesicht verschleierten.

Da durchtrennte sie mit einem raschen Schnitt den Klematisspross, und während er zu Boden fiel, fiel gleichsam etwas Licht auf sie – sicher konnte man jetzt etwas tiefer in ihr Sein vordringen. Ihr Geist war also von Zärtlichkeit und Bedauern erfüllt … Einen herausgewachsenen Zweig abzuschneiden machte sie traurig, weil er einst gelebt hatte und alles Leben ihr lieb war. Ja, und sicher musste sie beim Fallen des Zweigs an ihren eigenen Tod denken, an die Sinnlosigkeit und Vergänglichkeit aller Dinge. Doch sie fing den Gedanken sofort wieder ein, indem sie sich geistesgegenwärtig daran erinnerte, wie gut das Leben sie behandelt hatte. Fallen musste sie zwar, aber nur um auf der Erde zu liegen und sanft in die Veilchenwurzeln zu modern. So stand sie da, dachte nach. Ohne etwas von dem Gedachten deutlich zu machen – denn sie gehörte zu jenen zurückhaltenden Leuten, deren Geist die Gedanken in Schweigen hüllt –, war sie doch ganz davon durchdrungen. Ihr Geist war wie ihr Zimmer, in dem Lichter kamen und gingen, stelzten und pickten, sich drehten und spreizten, und gleich darauf wurde ihr ganzes Wesen, wiederum gleich ihrem Zimmer, in eine tiefe Erkenntnis gehüllt, in ein unausgesprochenes Bedauern, und sie war, gleich ihren Schränken, gespickt mit verschlossenen Schubladen voller Briefe. Dass man jetzt noch davon spräche, sie zu »knacken« wie eine Auster, dass man an ihr jetzt noch etwas anderes als das feinste, filigranste und findigste Werkzeug einsetzte, war so respektlos wie abwegig. Es galt, sich auszumalen – hier erschien sie im Spiegel. Es ließ einen aufschrecken.

Erst war sie noch so fern, dass man sie nur verschwommen sah. Schlendernd, bummelnd kam sie näher, richtete hier eine Rose auf, schnupperte dort an einer Nelke, aber bewegte sich unablässig vorwärts. Und währenddessen wurde sie im Spiegel immer größer, wurde immer mehr zu der Person, in deren Geist man hatte vordringen wollen. Stück für Stück vergewisserte man sich ihrer – fügte die soeben entdeckten Eigenschaften in diesen sichtbaren Körper ein. Da waren ihr grau-grünes Kleid, ihre schmalen Schuhe, ihr Korb und etwas Glitzerndes an ihrer Kehle. So unmerklich kam sie näher, dass sie die Ordnung im Spiegel gar nicht zu stören, sondern bloß etwas Neues einzubringen schien, das alle anderen Dinge so sanft verschob und zurechtrückte, als würde es sie ganz höflich darum bitten, etwas Platz für sie zu machen. Die Briefe, der Tisch, der Rasenpfad und die Sonnenblumen, sie alle, die im Spiegel gewartet hatten, öffneten ihre Runde für sie, um sie einzulassen. Und schließlich war sie da. Und blieb wie angewurzelt im Flur stehen. Neben dem Tisch. Völlig reglos. Da goss der Spiegel ein Licht über sie, das sie festzunageln schien, das wie eine Säure alles Unwesentliche und Oberflächliche von ihr abzunagen und nur die Wahrheit zurückzulassen schien. Ein hypnotisierendes Schauspiel. Alles fiel von ihr ab – Wolkenschleier, Kleid, Korb, Diamant –, alles, was man Winde und Ranke genannt hatte. Nun kam die harte Mauer zum Vorschein. Die Frau selbst. Nackt stand sie in dem gnadenlosen Licht. Und da war nichts. Isabella war ganz und gar leer. Sie hatte keine Gedanken. Sie hatte keine Freunde. Sie empfand für niemanden etwas. Und ihre Briefe, die waren bloß Rechnungen. Seht nur, da stand sie, alt und knöchern, krampfadrig und verrunzelt, mit höckriger Nase und faltigem Hals, und machte sie gar nicht erst auf.

Die Leute sollten sich keinen Spiegel ins Zimmer hängen.

Die Herzogin und der Juwelier

Oliver Bacons Wohnung befand sich im obersten Stock eines Hauses, von dem aus man bis zum Green Park blicken konnte. Stühle ragten in vorgesehenem Winkel hervor – lederbezogene Stühle. Sofas füllten die Erker aus – gobelinbezogene Sofas. Die Fenster darin, die drei hohen Fenster, verfügten über die angemessene Menge dezenten Tülls und gemusterten Satins. Der Bauch der Mahagonianrichte wölbte sich vornehm über den richtigen Brandys, Whiskeys und Likören. Und aus dem mittleren Fenster blickte Oliver hinab auf die glänzenden Dächer der eleganten Automobile, die sich in den Engpässen der Piccadilly drängten. Eine zentralere Lage konnte man sich nicht vorstellen. Um acht Uhr morgens würde er sein Frühstück von einem Hausdiener hereingetragen bekommen. Der Hausdiener würde ihm seinen purpurnen Morgenmantel bereitlegen. Er selbst würde mit scharfen Fingernägeln seine Briefe aufschlitzen und ihnen dicke weiße Einladungskarten mit erhabener Prägung entnehmen, etwa von Herzoginnen, Countesses, Viscountesses und Ehrenwerten Ladys. Dann würde er sich waschen. Dann würde er seinen Toast essen. Dann würde er im hellen Feuerschein elektrischer Kohlen seine Zeitung lesen.

»Sieh her, Oliver«, würde er laut zu sich sagen. »Du, der du in einer schmutzigen kleinen Gasse begonnen hast, du, der du …«, und er würde auf seine in der perfekt sitzenden Hose so wohlgeformten Beine hinunterblicken, auf seine Stiefel, auf seine Gamaschen. Sie alle waren glänzend und wohlgeformt, aus dem besten Stoff von der besten Schere in der Savile Row geschnitten. Allerdings enthüllte er sich auch oft und wurde dann wieder zu einem kleinen Jungen in einer dunklen Gasse. Einst waren seine Ambitionen nicht höher als – eleganten Damen in Whitechapel gestohlene Hündchen verkaufen. Und einst war er hereingelegt worden. »Ach, Oliver«, hatte seine Mutter geklagt. »Ach, Oliver! Wann kommst du nur zur Vernunft, mein Sohn?« … Dann hatte er sich hinter einen Tresen gestellt, billige Armbanduhren verkauft. Dann hatte er eine Brieftasche nach Amsterdam getragen … Bei dieser Erinnerung würde er schmunzeln – der alte Oliver, der sich an den jungen erinnerte. Doch, doch, mit den drei Diamanten hatte er ein gutes Geschäft gemacht. Auch mit der Verkaufskommission für den Smaragd. Danach zog er in das Separee hinter dem Geschäft in Hatton Garden. In das Zimmer mit den Waagen, dem Safe und den dicken Vergrößerungsgläsern. Und dann … und dann … Er schmunzelte erneut. Als er sich wieder einmal in der heißen Sommersonne einen Weg durch die Knäuel von über Preise, Goldminen, Diamanten und Berichte aus Südafrika diskutierenden Juweliere bahnte, legte einer von ihnen den Finger an die Nase und murmelte »Hm-m-m«, als Oliver vorbeiging. Es war nicht mehr als ein Murmeln, nicht mehr als ein Stups auf die Schulter, ein Finger an der Nase, ein Raunen, das an einem heißen Nachmittag durch die Traube aus Juwelieren in Hatton Garden lief – oh, vor so vielen Jahren jetzt! Doch noch immer spürte Oliver, wie es sein Rückgrat hinunterschnurrte, dieses Stupsen, dieses Murmeln, das hieß: »Guck einer an, der junge Oliver, der aufstrebende Juwelier, da geht er.« Jung war er damals allerdings. Und kleidete sich zunehmend gut. Und erwarb erst eine hübsche Droschke, dann ein Automobil. Gelangte erst hinauf in den ersten Rang, dann nach vorn ins Parkett. Bezog eine Villa in Richmond mit Blick auf den Fluss und Rankgittern voll roter Rosen. Und Mademoiselle steckte ihm jeden Morgen eine frische Blüte ins Knopfloch.

»So«, sagte Oliver, stand auf und streckte die Beine. »So …«

Dann stellte er sich unter das Bildnis einer alten Dame auf dem Kaminsims und hob die Arme. »Ich habe mein Wort gehalten«, sagte er und legte die Handflächen aneinander, wie um ihr zu huldigen. »Ich habe meine Wette gewonnen.« Das stimmte. Er war der reichste Juwelier Englands. Doch seine Nase, die lang und beweglich war wie ein Elefantenrüssel, schien durch ein eigentümliches Beben der Nasenflügel (wobei eigentlich die ganze Nase bebte, nicht nur die Flügel) zu sagen, dass er noch nicht zufrieden war, dass er ein Stück weiter weg im Erdreich noch immer etwas erschnüffelte. Man stelle sich ein riesiges Trüffelschwein auf einer trüffelreichen Wiese vor. Nachdem es schon diesen und jenen Trüffel ausgewühlt hat, wittert es ein Stück weiter weg im Erdreich ein immer noch größeres, immer noch reiferes Exemplar. Und Oliver witterte in der fetten Erde Mayfairs immer noch einen weiteren, reiferen, größeren Trüffel ein Stück weiter weg.

So rückte er denn die Perle an seiner Krawatte zurecht, legte seinen schicken blauen Mantel an, nahm die bernsteingelben Handschuhe und den Spazierstock, ging im Wiegeschritt die Treppe hinunter und trat, halb schnuppernd, halb seufzend durch seine längliche Nase, auf die Piccadilly hinaus. Denn obwohl er seine Wette gewonnen hatte – war er nicht noch immer ein trauriger Mann, ein unzufriedener Mann, ein Mann auf der Suche nach etwas Verborgenem?

Im Wiegeschritt ging er die Straße entlang, so wie das Kamel im Zoo, das hin und her über die Asphaltwege schaukelt, im Gewimmel von Kleinhändlern und deren Frauen, die aus Tüten essen und ihm zerknülltes Stanniol vor die Füße werfen. Das Kamel verachtet die Kleinhändler. Das Kamel ist unzufrieden mit seinem Schicksal. Das Kamel sieht vor sich den blauen See und die Palmen an dessen Ufer. So schaukelte der bedeutende Juwelier, der bedeutendste Juwelier der ganzen Welt, perfekt gekleidet, mit seinen Handschuhen und seinem Spazierstock, doch noch immer unzufrieden, die Piccadilly hinunter, bis er den dämmrigen kleinen Laden erreichte, der in Frankreich, Deutschland, Österreich, Italien und ganz Amerika berühmt war – den dämmrigen kleinen Laden bei der Bond Street.

Wie üblich durchschritt er den Laden ohne ein Wort, obwohl die vier Männer, die zwei alten, Marshall und Spencer, und die zwei jungen, Hammond und Wicks, direkt hinter dem Tresen standen und ihn ansahen, ihn beneideten. Nichts als sein wackelnder, bernsteinfarbener Handschuhfinger quittierte ihre Anwesenheit. Dann betrat er sein Separee und schloss die Tür hinter sich.

Er entriegelte das Gitter, mit dem das Fenster versperrt war. Die Rufe der Bond Street und das Schnurren des entfernten Verkehrs drangen herein. Die Reflektoren hinter dem Laden warfen das Licht empor. Ein Baum schwenkte sechs grüne Blätter, denn es war Juni. Doch Mademoiselle hatte Mr Pedder von der örtlichen Brauerei geheiratet – nun steckte ihm niemand mehr Rosen ins Knopfloch.

»So.« Halb schniefte, halb seufzte er es. »So …«

Dann berührte er eine Feder in der Wand, worauf die Vertäfelung beiseiteglitt und fünf, nein, sechs

Safes enthüllte, allesamt aus brüniertem Stahl. Er drehte einen Schlüssel, schloss einen Safe auf, dann noch einen. Jeder war mit tiefrotem Samt ausgeschlagen. In jedem ruhten Juwelen – Armbänder, Halsketten, Ringe, Diademe, herzogliche Krönchen, auch einzelne Steine in Glashülsen, Rubine, Smaragde, Perlen, Diamanten. Alle geschützt, schimmernd, kühl, und doch brennend auf ewig durch das geballte Licht in ihrem Innern.

»Tränen!«, sagte Oliver und blickte auf die Perlen.

»Herzblut!«, sagt er und blickte auf die Rubine.

»Schießpulver!«, fuhr er fort und klimperte mit den Diamanten, dass sie blinkten und funkelten.

»Schießpulver genug, um Mayfair zu sprengen – in die Luft, in die Luft, in die Luft!« Dabei warf er den Kopf zurück und wieherte beinah.

Unterwürfig, mit diskret gedämpfter Stimme, brummte das Telefon auf seinem Tisch. Er schloss den Safe.

»In zehn Minuten«, sagte er. »Nicht eher.« Dann setzte er sich an seinen Schreibtisch und betrachtete die römischen Kaiserprofile, die in seine Manschettenknöpfe graviert waren. Und enthüllte sich wieder und wurde erneut zu dem kleinen Jungen, der in der Gasse, wo sie sonntags gestohlene Hündchen verkaufen, mit seinen Murmeln spielte. Wurde zu jenem gewieften, scharfsinnigen kleinen Jungen, dessen Lippen wie feuchte Kirschen aussahen. Er steckte die Finger in die verschlungenen Kutteln, in Pfannen voll Bratfisch, verschwand hier in der Menge, tauchte dort wieder aus ihr auf. Er war schlank und flink, hatte Augen wie geleckte Kiesel. Und jetzt – jetzt – die Zeiger der Uhr tickten weiter. Eins, zwei, drei, vier … Die Herzogin von Lambourne wartete, dass es ihm beliebte. Die Herzogin von Lambourne, Tochter von einhundert Grafen. Zehn Minuten lang würde sie auf einem Stuhl am Tresen ausharren. Würde warten, dass es ihm beliebte. Würde ausharren, bis er bereit war, sie zu empfangen. Er betrachtete die Uhr in ihrem Chagrinledergehäuse. Der Zeiger rückte vor. Mit jedem Ticken überreichte ihm die Uhr – so schien es – ein Pâté de foie gras, ein Glas Champagner, ein weiteres mit edlem Brandy, eine Zigarre zu einer Guinea das Stück. Das alles breitete die Uhr auf dem Tisch vor ihm aus, während die zehn Minuten verstrichen. Dann hörte er das Näherkommen leiser, langsamer Schritte, ein Rascheln im Flur. Die Tür ging auf. Mr Hammond drückte sich flach an die Wand.

»Ihre Durchlaucht!«, verkündete er.

Und wartete dort, flach an die Wand gedrückt.

Und Oliver, der jetzt aufstand, hörte das Kleiderrascheln der Herzogin draußen im Gang. Dann erschien sie, füllte den Türrahmen, füllte das Zimmer mit dem Duft, dem Ansehen, dem Dünkel, dem Pomp, dem Stolz aller Herzöge und Herzoginnen, angeschwollen zu einer einzigen Welle. Und wie eine Welle bricht, so brach auch sie, als sie sich setzte, sie ergoss sich gischtsprühend über den bedeutenden Juwelier Oliver Bacon, bedeckte ihn mit glitzernden Farben, Grün, Rosa, Violett, mit Gerüchen, mit vielfältigem Schillern und mit aus Fingern schießenden, aus Federn nickenden, aus Seide blitzenden Strahlen, denn sie war sehr groß, sehr dick, stramm in zartrosa Taft gegürtet und über ihre besten Jahre hinaus. Wie ein Sonnenschirm mit vielen Rüschen, ein Pfau mit vielen Federn seine Rüschen einklappt, seine Federn zusammenlegt, so sank sie zusammen und schloss sich, als sie auf dem ledernen Sessel Platz nahm.

»Guten Morgen, Mr Bacon«, sagte die Herzogin. Und sie streckte die Hand aus, die aus dem Schlitz ihres weißen Handschuhs hervorkam. Und Oliver verbeugte sich tief, als er sie ergriff. Und als ihre Hände sich berührten, wurde aufs Neue das Band zwischen ihnen geschmiedet. Sie waren Freunde und doch Feinde. Er war Herr, sie Herrin. Beide betrogen einander, beide brauchten einander, beide fürchteten einander, beide spürten und wussten das, jedes Mal, wenn sie sich so wie jetzt in dem kleinen Büro mit dem weißen Licht draußen und dem Baum mit den sechs Blättern und dem entfernten Klang der Straße und den Safes hinter sich die Hand gaben.

»Und, Herzogin, was kann ich heute für Sie tun?«, fragte Oliver mit sehr sanfter Stimme.

Die Herzogin öffnete sich, öffnete ihr Herz, ihr Privatherz, sperrangelweit. Und mit einem Seufzer, aber ohne ein Wort, entnahm sie ihrer Handtasche ein längliches Säckchen aus Waschleder – es sah aus wie ein dürres, gelbes Frettchen. Und aus einem Schlitz im Bauch des Frettchens ließ sie Perlen fallen – zehn Perlen. Sie rollten aus dem Frettchenbauchschlitz – eins, zwei, drei, vier – wie die Eier eines wundersamen Vogels.

»Das, mein lieber Mr Bacon, ist alles, was mir noch geblieben ist«, ächzte sie. Fünf, sechs, sieben – hinab rollten sie an den breiten Hängen, die zwischen ihren Knien in einem schmalen Tal zusammentrafen – die achte, die neunte, die zehnte. Dort lagen sie nun im Schein des pfirsichblütenfarbenen Tafts. Zehn Perlen.

»Aus dem Appleby-Zingulum«, wehklagte sie. »Die letzten … die allerletzten.«

Oliver langte hinüber und nahm eine der Perlen zwischen Daumen und Zeigefinger. Sie war rund, sie schimmerte. Aber war sie echt oder falsch? Log die Herzogin schon wieder? Wagte sie es?

Sie legte ihren dicken, wulstigen Finger an die Lippen. »Wenn der Herzog das wüsste …«, flüsterte sie. »Lieber Mr Bacon, manchmal hat man einfach Pech …«

Sie hatte wieder gespielt, oder?

»Dieser Schuft! Dieser Betrüger!«, zischte sie.

Der mit dem angeknacksten Jochbein? Ein übler Bursche. Und der Duke war steif wie ein Stock, mit seinem Backenbart, würde ihr den Hahn abdrehen, sie dort unten einschließen, wenn er wüsste … was ich weiß, dachte Oliver und schielte Richtung Safe.

»Araminta, Daphne, Diana«, jammerte sie. »Ich tue es ihretwegen.«

Die Ladys Araminta, Daphne und Diana – ihre Töchter. Er kannte sie, bewunderte sie alle drei. Doch Diana liebte er.

»Sie kennen all meine Geheimnisse«, setzte sie mit anzüglichem Blick hinzu. Tränen liefen, Tränen fielen, Tränen wie Diamanten, die in den Furchen ihrer kirschblütenfarbenen Wangen Puder sammelten.

»Alter Freund«, säuselte sie, »alter Freund.«

»Alter Freund«, wiederholte er, »alter Freund«, wie um die Worte zu schmecken.

»Welche Summe?«, wollte er wissen.

Sie legte die Hand über die Perlen.

»Zwanzigtausend«, flüsterte sie.

War sie echt oder falsch, diese Perle, die er in der Hand hielt? Das Appleby-Zingulum – hatte sie das nicht schon verkauft? Er würde nach Spencer oder Hammond klingeln. »Hier, einmal prüfen«, würde er sagen. Er streckte sich nach der Glocke.

»Kommen Sie morgen zu uns?«, unterbrach, drängte die Herzogin. »Der Premierminister, Seine

Königliche Hoheit …« Sie hielt inne. »Und Diana«, fügte sie hinzu.

Oliver nahm die Hand von der Glocke.

Er blickte an ihr vorbei, auf die Häuserrückseiten der Bond Street. Doch er sah nicht die Häuser der Bond Street, sondern einen glitzernden Fluss, sah Forellen und Lachse auftauchen, und den Premierminister, und auch sich selbst, in weißen Frackwesten, und dann – Diana. Er blickte auf die Perle in seiner Hand. Doch wie könnte er sie prüfen im Licht des Flusses, im Licht der Augen Dianas? Doch die Augen der Herzogin waren auf ihn gerichtet.

»Zwanzigtausend«, jammerte sie. »Bei meiner Ehre!«

Die Ehre der Mutter Dianas! Er zog sein Scheckbuch zu sich heran, ergriff seine Füllfeder.

»Zwanzig…«, schrieb er. Dann hielt er inne. Die Augen der alten Frau auf dem Bild waren auf ihn gerichtet – der alten Frau, seiner Mutter.

»Oliver!«, warnte sie. »Denk nach! Sei kein Dummkopf!«

»Oliver!«, flehte die Herzogin – Oliver hieß es nun, nicht mehr Mr Bacon. »Bleiben Sie übers verlängerte Wochenende?«

Allein dort im Wald mit Diana! Reiten im Wald dort allein mit Diana!

»… tausend«, schrieb er und unterzeichnete.

»Bitte sehr«, sagte er.

Da breiteten sich, als sie sich von ihrem Sessel erhob, alle Sonnenschirmrüschen, alle Pfauenfedern, das Strahlen der Welle, alle Schwerter und Speere von Agincourt aus. Und die zwei alten Männer und die zwei jungen Männer, Spencer und Marshall, Wicks und Hammond, drückten sich hinter dem Tresen an die Wand und beneideten ihn, als er die Herzogin durch den Laden zur Tür geleitete. Und er wackelte mit seinem gelben Finger vor ihren Gesichtern, während die Herzogin ihre Ehre – einen von ihm unterzeichneten Scheck über zwanzigtausend Pfund – recht fest in den Händen hielt.

»Sind sie falsch oder sind sie echt?«, fragte Oliver, als er die Separeetür hinter sich schloss. Da lagen sie auf dem Tisch, zehn Perlen auf Löschpapier. Er trug sie ans Fenster. Hielt sie unter seinem Vergrößerungsglas ins Licht ... Dies war also der Trüffel, den er aus der Erde gewühlt hatte! Faul bis zum Kern – faul durch und durch!

»Oh, Mutter, vergib mir!«, stöhnte er und rang die Hände, als bäte er die alte Frau auf dem Bild um Gnade. Und wieder war er der kleine Junge in der Gasse, wo sie sonntags Hündchen verkauften.

»Denn«, murmelte er und legte die Handflächen aneinander, »es geht um ein verlängertes Wochenende.«

Die Jagdgesellschaft

Sie stieg ein, hob ihren Koffer und die zwei Fasane auf die Gepäckablage und setzte sich auf den Eckplatz. Der Zug ratterte durch die Midlands, und der Nebel, der hereingekommen war, als sie die Tür geöffnet hatte, schien das Abteil zu vergrößern und die vier Reisenden auseinanderzubringen. Offensichtlich hatte M. M. – so die Initialen auf dem Koffer – das Wochenende mit einer Jagdgesellschaft verbracht, offensichtlich, denn jetzt lehnte sie sich in ihrer Ecke zurück und begann, die Geschichte herunterzubeten. Sie schloss nicht die Augen. Trotzdem sah sie anscheinend weder den Glatzkopf gegenüber noch die kolorierte Fotografie des Münsters von York. Auch musste sie gehört haben, worüber man gesprochen hatte. Denn während sie vor sich hin starrte, bewegten sich ihre Lippen. Dann und wann lächelte sie. Und sie war hübsch. Eine Kohlrose, ein gelbrötlicher Apfel, lohfarben, allerdings mit einer Narbe an der Wange, die sich beim Lächeln in die Länge zog. Da sie die Geschichte herunterbetete, musste sie wohl dort zu Gast gewesen sein, nur wirkte sie in ihrer unmodischen Kleidung, die an jahrealte Bilder von Frauen in Jagdzeitschriften erinnerte, eigentlich nicht wie ein Gast – wie eine Dienstmagd aber wiederum auch nicht. Hätte sie einen Korb dabeigehabt, wäre sie Terrierzüchterin gewesen, Siamkatzenhalterin, eine, die mit Jagdhunden und Pferden zu tun hatte. Doch stattdessen nur der Koffer und die Fasane. Auf irgendeine Art musste sie sich also in das Zimmer hineingeschlichen haben, in jenes Zimmer, das sie hinter der Abteilpolsterung, der Männerglatze und dem Foto des Münsters von York gerade sah. Und sie musste gehört haben, worüber man gesprochen hatte, denn jetzt formte sie wie jemand, der das Geräusch eines anderen nachahmt, ein leises Knacksen in ihrer Kehle. »Tschk. Tschk.« Dann lächelte sie.

»Tschk«, sagte Miss Antonia und rückte ihren Zwicker zurecht. Feuchte Blätter fielen hinter den hohen Fenstern der Galerie, zwei oder drei hefteten sich fischförmig wie hölzerne Einlegearbeiten auf die Scheiben. Dann erzitterten die Bäume im Park, und die Blätter, in prunkendem Fall, schienen es zu veranschaulichen, das feuchtbraune Zittern.

»Tschk«, schniefte Miss Antonia noch einmal und pickte so hastig und nervös an dem fadenscheinigen weißen Stoff in ihrer Hand herum wie eine Henne an einem Stück Weißbrot.

Der Wind seufzte. Das Zimmer war zugig. Die Türen schlossen nicht richtig, so wie die Fenster. Dann und wann lief eine Regung durch den Teppich, als schnellte ein Reptil darunter her. Auf ihm, dort, wo die Sonne hinfiel, lagen Bahnen aus Grün und Gelb, und als die Sonne wanderte, zeigte sie wie aus Spott auf ein Loch im Teppich und verharrte dort eine Weile, bis ihr schwacher, aber unparteiischer Finger weiterzog und sich mit sanftem Schein auf das Wappen über dem Kamin legte, auf das Schild, die Weinreben, die Meerjungfrau und die Speere. In dem zunehmenden Licht blickte Miss Antonia auf. Ausgedehnte Ländereien, so hieß es, hatten die Alten besessen – ihre Vorfahren, die Rashleighs. Dort. Den Amazonas hinauf. Freibeuter. Seefahrer. Säcke voller Smaragde. Auf den Inseln herumstöbernd. Menschen verschleppend. Jungfrauen. Da war sie, geschuppt von der Schwanzflosse bis zur Hüfte. Miss Antonia grinste. Hinab fuhr der Sonnenfinger und ihr Blick folgte ihm. Jetzt verharrte er auf einem silbernen Rahmen, auf einer Fotografie, auf einem schütteren Eierkopf, auf einer Lippe, die unter dem Schnurrbart hervortrat, und auf dem Namen »Edward«, der schwungvoll darunter geschrieben stand.

»Der König …«, murmelte Miss Antonia und drehte das weiße Gewebe auf ihrem Knie, »… bekam das Blaue Zimmer«, fügte sie mit einem Ruck ihres Kopfes hinzu. Das Licht schwand.

Draußen auf dem Königsreitweg trieb man die Fasane vor die Gewehrmündungen. Sie stoben auf wie große Feuerwerksraketen, rötlich violette Raketen, und während sie emporflogen, krachten die Gewehre, eins nach dem anderen, eifrig, abgehackt, als bellte jäh eine Riege von Hunden. Weiße Rauchschwaden blieben kurz in der Luft hängen, dann lösten sie sich auf, zerstreuten sich, verschwanden.

Auf dem Hohlweg unter dem Hang stand ein Karren, auf dem bereits weiche, warme Körper lagen, mit schlaffen Krallen und noch glänzenden Augen. Die Vögel schienen noch lebendig, bloß ohnmächtig unter ihrem dichten, feuchten Federkleid. Entspannt und behaglich lagen sie da und zuckten leicht, als schlummerten sie nur auf dem mit weichen Federn gepolsterten Karrenboden.

Da hob der Gutsherr mit dem rotfleckigen Armesündergesicht und den abgewetzten Gamaschen fluchend das Gewehr.

Miss Antonia nähte weiter. Dann und wann umschlang eine Feuerzunge das graue, von einer Kaminwand zur anderen reichende Holzscheit, nährte sich gierig, erstarb dann wieder und ließ, wo die Rinde abgefressen worden war, ein weißes Band zurück. Miss Antonia blickte kurz auf, starrte mit aufgerissenen Augen hin, instinktiv, wie ein Hund, der auf eine Flamme starrt. Dann beruhigte das Feuer sich wieder und sie nähte weiter.

Irgendwann öffnete sich leise die imposant hohe Tür. Zwei schlanke Männer kamen herein und zogen einen Tisch über das Loch im Teppich. Sie gingen hinaus, sie kamen herein. Sie breiteten ein Tuch über den Tisch. Sie gingen hinaus, sie kamen herein. Sie brachten Messer und Gabeln in einem mit grünem Filz bezogenen Besteckkorb, und Gläser, und Zuckerstreuer, und Salzstreuer, und Brot, und eine silberne Vase mit drei Chrysanthemen. Dann wurde der Tisch gedeckt. Miss Antonia nähte weiter.

Erneut ging die Tür auf, von einem schwachen Stupsen diesmal. Ein kleiner Hund trottete ins Zimmer, ein Spaniel, er schnupperte munter, hielt inne. Die Tür stand offen. Dann kam, schwer auf ihren Stock gestützt, die alte Miss Rashleigh herein. Ein weißer, von einem Diamanten gehaltener Schal verhüllte ihre Kahlheit. Humpelnd erreichte sie den hochlehnigen Sessel beim Feuer und kauerte sich hinein. Miss Antonia nähte weiter.

»Jagen«, sagte sie schließlich.

Die alte Miss Rashleigh nickte. »Auf dem Königsreitweg.« Sie fasste ihren Stock etwas fester. Sie saßen und warteten.

Die Jäger waren mittlerweile vom Königsreitweg zu den Gutswäldern vorgedrungen. Sie standen auf dem gepflügten, tiefvioletten Acker davor. Dann und wann knackte ein Zweig, Blätter trudelten heran. Doch über dem Dunst und dem Rauch lag eine Insel aus Blau – Blassblau, Reinblau – einsam am Himmel. Und in der unschuldigen Luft tollte und tanzte wie ein entlaufenes Engelchen die Glocke eines fernen, verborgenen Kirchturms und verhallte. Dann stoben wieder die Raketen auf, die rötlich violetten Fasane. Höher und höher flogen sie. Wieder bellten die Gewehre, entstanden die Rauchbälle, lösten sich auf, zerstreuten sich. Und die eifrigen kleinen Hunde liefen munter schnuppernd über die Äcker, und die warmen, feuchten Körper, noch immer träge und weich, wie ohnmächtig, wurden von Männern in Gamaschen auf den Karren geworfen.

»So!«, knurrte Milly Masters, die Haushälterin, und warf ihre Brille auf den Tisch. Auch sie nähte, in dem kleinen dunklen Zimmer, von dem aus man den Stallhof überblickte. Der Pullover, der grobe Wollpullover für ihren Sohn, den Jungen, der in der Kirche sauber machte, war fertig. »Das wär's!«, murmelte sie. Dann hörte sie den Karren. Räder knirschten über Kopfsteinpflaster. Sie sprang auf und hielt sich die Haare, ihre kastanienbraunen Haare, als sie in den windigen Hof hinaustrat.

»Komme schon!«, lachte sie und die Narbe an ihrer Wange zog sich in die Länge. Sie entriegelte die Tür zur Wildkammer, während Wing, der Wildhüter, den Karren übers Kopfsteinpflaster zog. Mittlerweile waren die Vögel tot, ihre Krallen fest geschlossen, obwohl da nichts war, um das sie sich schließen konnten. Knittrig und grau bedeckten die ledrigen Lider ihre Augen. Mrs Masters, die Haushälterin, und Wing, der Wildhüter, packten die toten Vögel bündelweise am Hals und warfen sie auf den Schieferboden der Wildkammer. Der Schiefer wurde ganz glitschig und fleckig von Blut. Die Fasane wirkten jetzt kleiner, als wären ihre Leiber zusammengeschrumpft. Dann hob Wing die Deichsel und steckte die Sicherungsbolzen ein. Überall an den Wänden der Ladefläche klebten kleine blaugraue Federn, der Boden war schmierig und blutbefleckt. Doch nun war der Karren leer.

»Das war der letzte!«, sagte Milly Masters grinsend, als der Karren davonrollte.

»Das Mittagsmahl ist serviert, Ma'am«, verkündete der Butler. Er deutete auf den Tisch. Wies den Diener an. Das Tablett mit der silbernen Haube wurde genau dort abgestellt, wo er hinzeigte. Dann warteten Butler und Diener.

Miss Antonia legte ihr weißes Gewebe auf den Nähkorb, tat das Seidengarn beiseite, den Fingerhut, steckte die Nadel in ein Stück Flanell und hängte den Zwicker an einen Haken vor ihrer Brust. Dann stand sie auf.

»Mittagsmahl!«, bellte sie der alten Miss Rashleigh ins Ohr. Einen Atemzug später streckte die alte Miss Rashleigh ihr Bein aus, packte ihren Stock und stand ebenfalls auf. Langsam näherten sich die beiden alten Frauen dem Tisch, wo Butler und Diener ihnen die Stühle zurechtrückten, die eine der anderen gegenüber. Dann hob sich die silberne Haube. Da lag der Fasan, federlos, glänzend, die Schenkel dicht an den Leib gepresst, zwischen aufgeschichteten Häufchen aus Semmelbröseln.

Entschlossen zog Miss Antonia das Tranchiermesser durch seine Brust. Sie schnitt zwei Scheiben ab und legte sie auf einen Teller. Behände schnappte der Diener ihn ihr weg und die alte Miss Rashleigh hob das Tafelmesser. Im Wald unter dem Fenster ertönten Schüsse.

»Schon zurück?«, fragte die alte Miss Rashleigh und ließ die Gabel in der Luft hängen.

Die Bäume im Park wiegten und schwenkten die Äste.

Sie nahm einen Bissen Fasan. Blätter prasselten gegen die Fensterscheibe, ein oder zwei blieben kleben.

»Noch in den Gutswäldern«, sagte Miss Antonia. »Hughs letzter Schuss.« Sie zog die Klinge durch die andere Seite der Brust. Rings um die abgeschnittenen Scheiben fügte sie methodisch Kartoffeln und Bratensaft, Rosenkohl und Brotsoße hinzu. Der Butler und der Diener standen aufmerksam da, wie Servierer bei einem Festbankett. Die alten Damen aßen gelassen. Und schweigend. Sie ließen sich Zeit. Säuberlich verzehrten sie den Vogel. Nur Knochen blieben auf ihren Tellern zurück. Dann hielt der Butler die Karaffe in Miss Antonias Richtung und verharrte einen Augenblick mit gesenktem Kopf.

»Einfach da hinstellen, Griffiths«, sagte Miss Antonia, langte mit den Fingern nach der Karkasse und warf sie dem Spaniel unter den Tisch. Der Butler und der Diener verbeugten sich und verließen das Zimmer.

»Fast da«, sagte Miss Rashleigh und horchte. Der Wind wurde stärker. Ein brauner Schauder durchlief die Luft. Die Blätter flogen zu rasch, um kleben zu bleiben. Das Glas klirrte in den Fenstern.

»Macht die Vögel wild«, nickte Miss Antonia und betrachtete das Laubgestöber.

Die alte Miss Rashleigh füllte ihr Glas. Während sie und Miss Antonia nippten, begannen ihre Augen, wie Halbedelsteine im Licht zu glänzen. Schieferblau waren die von Miss Rashleigh, die von Miss Antonia rot wie Portwein. Und beim Trinken schienen ihre Rüschen, ihre Spitzen zu zittern, als wären ihre Körper ganz warm und träge unter ihrem Federkleid.

»Es war ein Tag wie heute, erinnerst du dich?«, fragte die alte Miss Rashleigh und strich mit den Fingern über ihr Glas. »Als sie ihn heimbrachten … ein Schuss durchs Herz. Ein Brombeerbusch, sagten sie. Gestrauchelt. Mit dem Fuß hängen geblieben …« Kichernd trank sie das nächste Schlückchen.

»Und John …« sagte Miss Antonia. »Die Stute, sagten sie, war in ein Loch getreten. Starb auf dem Feld. Die ganze Jagd ritt über ihn weg. Er kam ebenfalls heim, auf einem Fensterladen …« Sie nippten erneut.

»Erinnerst du dich an Lily?«, fragte die alte Miss Rashleigh. »Dieses Aas.« Sie schüttelte den Kopf. »Mit ihrer knallroten Troddel an der Gerte …«

»Verderbt bis ins Mark!«, rief Miss Antonia. »Erinnerst du dich an den Brief des Colonels? ›Ihr Sohn ritt, als trüge er zwanzig Teufel im Leib – preschte an der Spitze seiner Männer voran.‹ … Dann hat ein weißer Teufel‹ – ah, hah!« Sie nippte wieder.

»Die Männer unseres Hauses …«, begann Miss Rashleigh. Sie erhob ihr Glas. Hielt es hoch, wie um der Meerjungfrau im Stuck über dem Kamin zuzuprosten. Sie hielt inne. Die Gewehre bellten. Ein Knarzen im Balkenwerk. Oder huschte da eine Ratte hinter dem Stuck?

»Frauen, jedes Mal …«, nickte Miss Antonia. »Die Männer unseres Hauses. Die rosig weiße Lucy vom Mühlhaus – weißt du noch?«

»Ellens Tochter vom Bock und Sichel«, fügte Miss Rashleigh hinzu.

»Und das Mädchen beim Schneider«, murmelte Miss Antonia, »wo Hugh seine Reithosen kaufte, dieser schummrige Laden gleich rechts …«

»... der jeden Winter voll Wasser lief. Es ist *sein* Junge«, kicherte Miss Antonia und lehnte sich zu ihrer Schwester hinüber, »der die Kirche putzt.«

Es krachte. Eine Schindel war in den Kamin gestürzt. Der dicke Holzscheit war durchgebrochen. Stuck rieselte von dem Wappen über der Feuerstelle.

»Zerfall«, kicherte Miss Rashleigh. »Alles zerfällt.«

»Und wer«, fragte Miss Antonia und betrachtete die Stucksplitter auf dem Teppich, »bezahlt dafür?«

Krähend wie alte Säuglinge, gleichgültig, unbekümmert, so lachten sie. Gingen zum Kamin hinüber und nippten ihren Sherry neben Asche und Stucksplittern, bis jedes Glas nur noch einen einzigen, rötlich violetten Weintropfen enthielt. Und von diesem, so schien es, wollten die alten Frauen sich nicht trennen. Denn während sie Seite an Seite vor der Asche saßen, drehten und wendeten sie ihre Gläser, ohne sie je an die Lippen zu führen.

»Milly Masters aus der Vorratskammer«, fing die alte Miss Rashleigh an. »Unser Bruder ist ihr –«

Ein Schuss bellte unterm Fenster, durchschnitt den Faden, der den Regen zurückhielt. Hinab und hinab strömte er, peitschte als feste Gerten gegen die Fenster. Das Licht auf dem Teppich verblasste. Auch das Licht in den Augen der beiden verblasste, während sie lauschend vor der weißen Asche saßen. Ihre

Augen wurden zu Kieseln, die man aus dem Wasser genommen hatte. Zu grauen Steinen, getrocknet, abgestumpft. Und ihre Hände umschlossen ihre Hände, wie die Krallen toter Vögel nichts umschlossen. Und sie verdorrten, als wären ihre Leiber unter den Kleidern zusammengeschrumpft. Dann hob Miss Antonia ihr Glas Richtung Meerjungfrau. Es war das letzte Zuprosten, der letzte Tropfen. Sie trank ihn aus. »Da sind sie!«, krächzte sie und stellte knallend ihr Glas ab. Unten schlug eine Tür. Dann noch eine. Und noch eine. Schwere, wenn auch schlurfende Schritte näherten sich durch den Flur der Galerie.

»Gleich, gleich da!«, grinste Miss Rashleigh und bleckte ihre drei gelben Zähne.

Die imposant hohe Tür flog auf. Herein stürmten drei mächtige Jagdhunde und blieben hechelnd stehen. Als Nächstes betrat der Gutsherr höchstselbst in seinen abgewetzten Gamaschen mit hängenden Schultern das Zimmer. Die Hunde drängten sich an ihn, warfen die Köpfe, schnüffelten an seinen Taschen. Dann sprangen sie vorwärts. Sie rochen das Fleisch. Der Boden der Galerie wogte wie ein windgepeitschter Wald von den Schwänzen und Rücken der mächtigen stöbernden Hunde. Sie beschnupperten den Tisch, kratzten am Tuch. Dann stürzten sie sich mit wild überschnappendem Winseln auf den kleinen gelben Spaniel, der unterm Tisch an der Karkasse nagte.

»Seid verflucht, verflucht!«, schrie der Gutsherr, doch seine Stimme klang schwach, als brüllte er gegen einen Sturm an. »Seid verflucht, verflucht!«, rief er, nun seine Schwestern verfluchend.

Miss Antonia und Miss Rashleigh standen auf. Die großen Hunde hatten sich den Spaniel gepackt. Sie setzten ihm zu, zerfleischten ihn mit ihren mächtigen gelben Zähnen. Der Gutsherr peitschte einen knotigen Lederriemen bald hierhin, bald dorthin, verfluchte die Hunde, verfluchte die Schwestern mit seiner so lauten, doch so schwachen Stimme. Mit einem Hieb fegte er die Chrysanthemenvase zu Boden. Ein anderer erwischte die alte Miss Rashleigh an der Wange. Die betagte Frau stolperte rückwärts. Sie fiel gegen den Kaminsims. Ihr wild umherfuchtelnder Krückstock traf das Gipsschild über ihr. Mit dumpfem Aufprall landete sie in der Asche. Das Wappen der Rashleighs fiel krachend herunter. Unter der Meerjungfrau und den Speeren lag sie begraben.

Der Wind peitschte gegen die Scheiben. Schüsse hallten im Park und ein Baum fiel. Und schließlich, in seinem Silberrahmen, kam auch König Edward ins Taumeln, kippte und fiel.

Der graue Nebel im Abteil war dichter geworden. Wie ein Schleier hing er in der Luft. Er schien die vier Reisenden in den Ecken weit auseinanderzubringen, obwohl sie einander eigentlich so nah waren, wie man es in einem Zugabteil dritter Klasse nun einmal ist. Die Wirkung war sonderbar. Die hübsche, wenn auch etwas ältliche Frau in ihrer gediegenen, wenn auch etwas abgewetzten Kleidung, die an irgendeiner Station in den Midlands zugestiegen war, schien ihre Form verloren zu haben. Ihr Körper war ganz zu Nebel geworden. Nur ihre Augen glänzten, veränderten sich, lebten von allein, so schien es, Augen ohne Körper, blaugraue Augen, die etwas Unsichtbares sahen. Sie leuchteten aus dem Dunst heraus und schnellten umher, sodass sie in der Friedhofsatmosphäre – die Fenster waren trüb, die Lampen nebelverhangen – tanzten wie Irrlichter, von denen es heißt, dass sie über den Gräbern der Ruhelosen flackern. Eine absurde Vorstellung? Reine Fantasie! Doch warum sollten andererseits, da doch nichts restlos verschwindet und Erinnerung ein Licht ist, das im Geist weiterflackert, wenn die Wirklichkeit begraben ist, warum sollten die glänzenden, umherschnellenden Augen dort nicht das Gespenst einer Familie sein, einer Epoche, einer Zivilisation, das über dem Grab tanzt?

Der Zug wurde langsamer. Lampen erhoben sich, eine nach der anderen, standen kurz da, reckten die gelben Häupter, wurden zu Fall gebracht. Und erhoben sich aufs Neue, als der Zug in den Bahnhof glitt. Die Lichter mehrten sich, gleißten.

Und die Augen in der Ecke? Ihre Lider hatten sich geschlossen. Sie sahen gar nichts. Vielleicht waren sie geblendet. Und natürlich wurde im grellen Schein der Bahnhofslampen nur zu deutlich: Dies war eine ganz normale, etwas ältliche Frau, die einer ganz normalen Besorgung wegen nach London reiste – etwas, das mit einer Katze, einem Hund oder einem Pferd zu tun hatte. Sie streckte sich nach ihrem Koffer, stand auf und nahm die Fasane von der Gepäckablage. Aber murmelte sie nicht doch, als sie die Abteiltür öffnete und hinaustrat, »Tschk, Tschk« im Vorübergehen?

Lappin und Lapinova

Sie waren verheiratet. Der Hochzeitsmarsch tönte heraus. Die Tauben flatterten. Kleine Jungs in Eton-Jacketts warfen Reis, ein Foxterrier trottete über den Pfad und Ernest Thorburn geleitete seine Braut zum Wagen durch die kleine Schar neugieriger Fremder, die sich in London stets versammelt, um sich am Glück oder Unglück anderer Leute zu freuen. Gewiss sah er stattlich aus und sie schüchtern. Mehr Reis wurde geworfen und der Wagen fuhr davon.

Das war am Dienstag. Heute war Samstag. Rosalind musste sich immer noch an den Umstand gewöhnen, dass sie jetzt Mrs Ernest Thorburn war. Es war zweifelhaft, ob sie sich je an den Umstand gewöhnen würde, Mrs Ernest Irgendwer zu sein, dachte sie, während sie im Hotel am Erkerfenster saß, über den See auf die Berge blickte und abwartete, dass ihr Mann zum Frühstück herunterkam. Ernest war ein Name, an den man sich schwer gewöhnte. Kein Name, den sie sich ausgesucht hätte. Timothy, Antony oder Peter wäre ihr lieber gewesen. Auch sah er gar nicht wie ein Ernest aus. Der Name ließ einen an das Albert Memorial denken, an Mahagonianrichten, an Stahlstiche des Prinzgemahls mit Familie – kurz, an das Esszimmer ihrer Schwiegermutter in der Porchester Terrace.

Doch hier kam er. Gott sei Dank sah er nicht wie ein Ernest aus – sicher nicht. Aber wie dann? Sie betrachtete ihn aus dem Augenwinkel. Nun ja, wenn er Toast aß, erinnerte er an ein Kaninchen. Ganz bestimmt sah niemand sonst die Ähnlichkeit zwischen einem so zierlichen, scheuen Wesen und diesem adretten, kraftstrotzenden jungen Mann mit der geraden Nase, den blauen Augen und der gestrengen Mundpartie. Doch das machte es umso amüsanter. Seine Nase zuckte ganz leicht, wenn er aß. So wie die ihres zahmen Kaninchens. Sie sah zu, wie die Nase zuckte, und musste schließlich, als er sie dabei ertappte, erklären, warum sie lachte.

»Na, weil du aussiehst wie ein Kaninchen, Ernest«, sagte sie. »Wie ein Wildkaninchen«, fügte sie hinzu und blickte ihn an. »Ein Raubkaninchen, ein Königskaninchen, eines, das die Gesetze für alle anderen Kaninchen aufstellt.«

Ernest hatte nichts dagegen, ein solches Kaninchen zu sein, und weil sein Nasezucken – von dem er zum ersten Mal erfuhr – sie amüsierte, machte er es jetzt mit Absicht. Und sie lachte und lachte, und er lachte auch, sodass die ältlichen Jungfern, der Angler und der Schweizer Kellner in seinem speckigen schwarzen Jackett alle richtig vermuteten: Diese beiden waren sehr glücklich. Doch wie lange hält solches Glück an?, fragten sie sich, und sie alle antworteten sich jeweils auf eigene Weise.

Zur Mittagszeit Rast im buschigen Heidekraut am See. »Salatblatt, Kaninchen?«, fragte Rosalind und streckte ihm die Beilage zu den hart gekochten Eiern hin. »Komm und friss es mir aus der Hand«, fügte sie hinzu, und er lehnte sich vor, knabberte an dem Salatblatt und zuckte mit der Nase.

»Braves Kaninchen, liebes Kaninchen«, lobte sie und streichelte ihn, wie sie ihr zahmes Kaninchen zu Hause gestreichelt hatte. Aber das war absurd. Er war kein zahmes Kaninchen, was immer er war. Sie versuchte es auf Französisch. »Lapin« nannte sie ihn. Doch was immer er war, ein französisches Kaninchen war er nicht. Er war durch und durch Engländer – geboren in der Porchester Terrace, erfahrener Rugbyspieler, nun Staatsbeamter im Dienst seiner Majestät. Also versuchte sie es mit »Hoppel«, doch das passte noch weniger. Ein »Hoppel« war pummelig, weich und ulkig. Er war schlank, fest und ernst. Dennoch zuckte seine Nase. »Lappin«, rief sie plötzlich und jauchzte auf, als wäre ihr die Erleuchtung gekommen.

»Lappin, Lappin, König Lappin«, intonierte sie. Der Name schien haargenau auf ihn zu passen. Er war nicht Ernest, er war König Lappin. Warum? Sie hatte keine Ahnung.

Wenn sie sich auf ihren langen, einsamen Spaziergängen nichts Neues mehr zu erzählen hatten und es zudem, wie man es ihnen allseits prophezeit hatte, anfing zu regnen oder wenn sie des Abends der Kälte wegen vor dem Kaminfeuer saßen und sowohl die ältlichen Jungfern als auch der Angler fort waren und der Kellner nur kam, wenn man nach ihm läutete, spann Rosalind die Geschichte des Lappin-Stammes weiter. In ihren Händen – sie nähte, er las – wurde diese Welt ausgesprochen real, lebendig und unterhaltsam. Ernest legte die Zeitung hin und half ihr. Es gab die schwarzen Kaninchen und die roten, die feindseligen Kaninchen und die freundlichen. Es gab den Wald, in dem sie lebten, die entlegene Prärie und den Sumpf. Und vor allem gab es König Lappin, der beileibe nicht nur den einen Trick beherrschte – mit der Nase zu zucken –, sondern, während die Tage vergingen, zu einem Tier mit großer Persönlichkeit geriet. Stetig entdeckte Rosalind weitere Stärken an ihm. Vor allem jedoch war er ein ausgezeichneter Jäger.

»Und was«, fragte Rosalind am letzten Tag ihrer Flitterwochen, »hat der König heute gemacht?«

Tatsächlich waren sie den ganzen Tag bergwandern gewesen und sie hatte sich an der Ferse eine Blase gelaufen, aber das meinte sie nicht.

»Heute«, sagte Ernest und biss nasezuckend das Ende seiner Zigarre ab, »hat er einen Hasen gejagt.« Er hielt inne, riss ein Streichholz an und zuckte erneut.

»Einen weiblichen Hasen«, fügt er hinzu.

»Eine weiße Häsin!«, rief Rosalind aus, als hätte sie das schon kommen sehen. »Eher klein gewachsen, silbergrau, mit großen, leuchtenden Augen?«

»Ja«, antwortete Ernest und betrachtete sie, wie sie ihn betrachtet hatte. »Ein schmächtiges Tier mit Glupschaugen und baumelnden Vorderpfötchen.« Genau so saß sie da und ließ die Näharbeit baumeln, und ihre Augen, die so groß und leuchtend waren, standen zweifellos etwas hervor.

»Ah, Lapinova«, murmelte Rosalind.

»Heißt sie so?«, fragte Ernest. »Die echte Rosalind?« Er sah sie an. Er war sehr verliebt in sie.

»Ja, so heißt sie«, sagte Rosalind. »Lapinova.« Und noch bevor sie an jenem Abend zu Bett gingen, war alles geklärt. Er war König Lappin, sie war Königin Lapinova. Er war ihr, sie war sein Gegenteil, er kühn und entschlossen, sie wachsam und unstet. Er herrschte über die emsige Welt der Kaninchen, ihre Welt war ein leerer, verrätselter Ort, den sie zumeist bei Mondschein durchstreifte.

Trotzdem berührten sich ihre Gebiete, sie waren König und Königin.

Als sie aus den Flitterwochen zurückkehrten, gab es also einen nur von Kaninchen und einer einzelnen weißen Häsin bevölkerten Kosmos, der ihnen ganz allein gehörte. Niemand sonst ahnte etwas von diesem Ort, was das Ganze natürlich umso unterhaltsamer machte. So fühlten sie sich, mehr noch als andere junge Ehepaare, wie Verbündete gegen den Rest der Welt. Oft sahen sie einander verstohlen an, wenn irgendwer von Kaninchen, Wäldern, Fallen und Jagden sprach. Oder sie zwinkerten sich klammheimlich über den Tisch hinweg zu, wenn Tante Mary sagte, sie könne den Anblick eines geschmorten Hasen nicht ertragen, weil er so sehr wie ein Baby aussehe, oder wenn Ernests jagdbegeisterter Bruder John ihnen erzählte, welchen Preis ein Kaninchen samt Fell jenen Herbst in Wiltshire erzielte. Manchmal, wenn sie für ihre Geschichte einen Wildhüter brauchten, einen Wilderer oder einen Gutsbesitzer, machten sie sich einen Spaß daraus, diese Rollen an ihre Bekannten zu vergeben. Ernests Mutter zum Beispiel, Mrs Reginald Thorburn, füllte die Rolle des Gutsherrn perfekt aus. Aber das war alles geheim – darum ging es ja. Niemand außer ihnen wusste, dass es eine solche Welt gab.

Und gäbe es sie nicht, so fragte sich Rosalind – wie hätte sie diesen Winter überstehen können? Man denke nur an die Goldhochzeitsfeier, für die sämtliche Thorburns in die Porchester Terrace kamen, um den fünfzigsten Jahrestag dieser Verbindung zu feiern, die so gesegnet war – hatte sie nicht Ernest Thorburn hervorgebracht? – und so fruchtbar – waren aus ihr nicht obendrein noch neun weitere Söhne und Töchter hervorgegangen, viele davon selbst verheiratet und ebenfalls fruchtbar? Rosalind grauste es vor dieser Feier. Doch sie kam nicht darum herum. Während sie nach oben ging, wurde ihr bitter bewusst, dass sie Einzelkind war und eine Waise noch dazu, bloß ein Tropfen inmitten all dieser Thorburns, die sich im großen Salon mit der glänzenden Satintapete und den illustren Familienporträts versammelt hatten. Die lebenden Thorburns ähnelten stark den gemalten. Nur dass sie statt gemalter Münder echte hatten, aus denen scherzhafte Anekdoten kamen – über Klassenzimmer und wie sie der Lehrerin den Stuhl weggezogen hatten, über Frösche und wie sie sie zwischen die jungfräulichen Laken unverheirateter Damen geschoben hatten. Sie selbst hatte niemals auch nur eine Klette geworfen. Mit dem Geschenk in der Hand ging sie auf ihre prächtig in gelben Atlas gehüllte Schwiegermutter zu, auf ihren mit einer üppigen gelben Nelke geschmückten Schwiegervater. Rings um die beiden standen auf Tischen und Stühlen güldene Tribute, manche diskret in Watte ruhend, andere strahlend sich ausbreitend – Kerzenleuchter, Zigarrenschatullen, Ketten – allesamt mit dem Stempel des Goldschmieds zum Beweis, dass es pures Gold war, gepunzt, verbürgt. Ihr Geschenk hingegen war eine kleines, gelöchertes Talmidöschen, eine alte Streusandbüchse, ein Relikt aus dem achtzehnten Jahrhundert, das man einst verwendet hatte, um Sand auf schreibnasse Tinte zu streuen. Eigentlich ein nutzloses Geschenk, fiel ihr auf – im Zeitalter des Löschpapiers. Und als sie es übergab, sah sie die gedrungene schwarze Handschrift vor sich, in der ihre Schwiegermutter nach der Verlobung die Hoffnung ausgedrückt hatte, »dass mein Sohn Sie glücklich machen wird«. Nein, sie war nicht glücklich. Ganz und gar nicht glücklich. Sie betrachtete Ernest, steif wie ein Ladestock mit einer Nase wie all die anderen Nasen auf den Familienporträts, einer Nase, die gar nie zuckte.

Dann gingen sie hinunter zum Dinner. Sie wurde halb von den üppigen Chrysanthemen verdeckt, die ihre rotgoldenen Blütenblätter zu großen festen Kugeln ballten. Alles war golden. Eine goldumrandete Karten mit ineinander verschlungenen goldenen Initialen zählte all die Gerichte auf, die man ihnen eins nach dem anderen vorsetzen würde. Sie tauchte ihren Löffel in einen Teller voll klarer, goldener Flüssigkeit. Die Lampen hatten den rohweißen Nebel draußen in ein Goldgewebe verwandelt, das die Tellerränder verwischte und den Ananas eine raue goldene Haut verlieh. Nur sie selbst, die in ihrem weißen Hochzeitskleid mit ihren hervortretenden Augen ins Ferne sah, stach heraus wie ein Eiszapfen.

Doch während das Dinner seinen Lauf nahm, dampfte das Zimmer zunehmend vor Hitze. Schweißperlen standen den Männern auf der Stirn. Sie spürte, dass ihr Eiszapfen sich in Wasser verwandelte. Sie wurde geschmolzen, verflüssigt, in Nichts aufgelöst und würde bald ohnmächtig werden. Da hörte sie durch das Wogen in ihrem Kopf und das Dröhnen in ihren Ohren eine Frauenstimme rufen: »Und wie die sich vermehren!«

Die Thorburns – ja, wie die sich vermehren, echote sie und schaute in all die runden roten Gesichter, die sich vor ihrem schwindligen Blick zu verdoppeln und in dem goldenen Nebelschein zu vergrößern schienen. »Wie die sich vermehren.« Dann grölte John:

»Elende Biester! … Allesamt abknallen! Zertrampeln mit schweren Stiefeln! Genau so muss man umgehen mit diesen … Kaninchen!«

Bei diesem Wort, diesem Zauberwort, lebte sie wieder auf. Sie linste zwischen den Chrysanthemen hindurch und sah Ernests Nase zucken, sich regelrecht kräuseln von einem Zucken nach dem andern. Und da ging mit den Thorburns eine rätselhafte, tiefgreifende Wandlung vor sich. Aus dem goldenen Tisch wurde ein Moor voll blühenden Ginsters, das Stimmengetöse wandelte sich in das perlende Lachen einer Lerche, das wie Geläut vom Himmel herabklang. Blau war dieser Himmel, Wolken zogen gemächlich dahin. Und sie alle waren verwandelt – die Thorburns. Sie blickte zu ihrem Schwiegervater, einem verschlagenen kleinen Mann mit gefärbtem Schnurrbart. Er hatte ein Faible fürs Sammeln – Petschafte, Emaildöschen, Kleinigkeiten von Frisiertischen des achtzehnten Jahrhunderts, die er in den Schubladen seines Arbeitszimmers vor seiner Frau versteckte. Jetzt sah sie ihn als das, was er war – ein Wilderer, der sich mit Fasanen und Rebhühnern unterm Mantel davonstahl, um die Beute bei Nacht und Nebel in den dreibeinigen Kessel in seiner verrauchten Hütte fallen zu lassen. Das war ihr wahrer Schwiegervater – ein Wilderer. Und Celia, die ledige Tochter, die ihre Nase stets in anderer Leute Angelegenheiten und kleine Geheimnisse steckte, war ein rotäugiges Frettchen mit einer vom grässlichen Schnüffeln und Stochern unter der Erde ganz verkrusteten Schnauze. In einem Netz über Männerschultern gehängt und in ein Loch geworfen – ein erbärmliches Leben führte sie, Celia, ohne etwas dafür zu können. So sah sie Celia. Und dann blickte sie zu ihrer Schwiegermutter, die sie gemeinsam »der Gutsherr« getauft hatten. Rotköpfig, derb, ein Raubein – all das war sie, die sich jetzt erhoben hatte, um Dankesworte zu erwidern, doch als Rosalind – das heißt, Lapinova – sie nun sah, erkannte sie hinter ihr das verfallene Familienanwesen, dessen Putz von den Wänden blätterte, und hörte sie mit schluchzender Stimme ihren Kindern (die sie hassten) für eine Welt danken, die nicht mehr existierte. Plötzlich herrschte Stille. Sie alle standen da mit erhobenen Gläsern, sie alle tranken, dann war es vorbei.

»Ach, König Lappin!«, rief sie, als sie sich gemeinsam durch den Nebel hindurch auf den Heimweg machten, »hätte nicht in genau dem Moment deine Nase gezuckt, ich hätte in der Falle gesessen!«

»Nicht doch, du bist in Sicherheit«, sagte König Lappin und drückte ihre Pfote.

»So sicher, wie man nur sein kann«, erwiderte sie.

Und dann fuhren sie, König und Königin des Marschlands, des Nebels und des nach Ginster duftenden Moors, durch den Park zurück nach Hause.

So verging die Zeit. Ein Jahr, zwei Jahre. Und eines Winterabends, ganz zufällig am Jahrestag der Goldhochzeitsfeier – doch Mrs Reginald Thorburn war tot, das Anwesen war zu vermieten und nur noch von einem Verwalter bewohnt –, kam Ernest aus dem Büro zurück. Sie hatten ein nettes kleines Heim, eine Haushälfte über einer Sattlerei in South Kensington unweit der U-Bahn-Station. Es war kalt, Nebel hing in der Luft und Rosalind saß am Kamin und nähte.

»Du errätst nie, was mir heute passiert ist!«, fing sie an, sobald er Platz genommen und die Füße zum Feuer ausgestreckt hatte. »Ich war gerade dabei, den Fluss zu überqueren, als –«

»Welchen Fluss?«, unterbrach Ernest sie.

»Den Fluss unten im Tal, wo unser Wald an den schwarzen Wald grenzt.«

Einen Augenblick lang sah Ernest völlig verständnislos drein.

»Wovon zum Henker redest du?«, fragte er.

»Mein lieber Ernest!«, rief sie bestürzt. »König Lappin«, fügte sie hinzu und ließ ihre Vorderpfötchen im Feuerschein baumeln. Doch seine Nase zuckte nicht. Ihre Hände – denn jetzt waren es Hände – umklammerten das Stück Stoff, das sie hielt, ihre Augen fielen ihr fast aus dem Kopf. Geschlagene fünf Minuten brauchte er, um sich von Ernest Thorburn in König Lappin zu verwandeln. Und während sie darauf wartete, spürte sie ein Gewicht im Nacken wie einen drohenden Würgegriff. Dann endlich war er König Lappin, seine Nase zuckte und beinahe wie gewohnt verbrachten sie den Abend damit, durch die Wälder zu streifen.

Aber sie schlief schlecht. Mitten in der Nacht erwachte sie mit dem Gefühl, dass etwas Seltsames mit ihr passiert war. Steif und kalt lag sie da. Letztendlich machte sie Licht und betrachtete Ernest, der neben ihr lag. Er schlief tief und fest. Er schnarchte. Doch obwohl er schnarchte, blieb seine Nase vollkommen still. Sie sah aus, als hätte sie nie je gezuckt. Konnte es sein, dass er wahrhaftig Ernest war, dass sie wahrhaftig mit Ernest verheiratet war? Das Esszimmer ihrer Schwiegermutter kam ihr in den Sinn. Und da saßen sie, sie und Ernest, alt geworden, unter den Stichen, vor der Anrichte … Es war der

Tag ihrer goldenen Hochzeit. Sie konnte es nicht ertragen.

»Lappin, König Lappin!«, flüsterte sie und einen Moment lang schien seine Nase von ganz allein zu zucken. Doch er schlief weiter. »Wach auf, Lappin, wach auf!«, rief sie.

Ernest erwachte, und als er sie kerzengerade neben sich sitzen sah, fragte er: »Was ist denn los?«

»Ich hatte Angst, mein Kaninchen wäre tot!«, wimmerte sie. Ernest war ungehalten.

»Red keinen Unsinn, Rosalind«, sagte er. »Leg dich wieder hin und schlaf.«

Er drehte sich auf die andere Seite. Im nächsten Augenblick schlief er tief und fest und schnarchte.

Sie jedoch konnte nicht schlafen. Wie eine Häsin in ihrer Mulde kauerte sie sich auf ihrer Bettseite zusammen. Sie hatte das Licht wieder ausgemacht, doch die Straßenlaterne warf einen schummrigen Schein an die Zimmerdecke und die Baumkronen legten ein Netz aus Spitze darüber, als wüchse dort oben ein Schattenhain, den Rosalind nun durchstreifte, sich drehend, sich wendend, hinein und heraus, herum und herum, jagend, gejagt, das Tönen des Hundegebells und der Hörner im Ohr, fliehend, entkommend … bis das Hausmädchen die Vorhänge aufzog und den Morgentee brachte.

Den Tag über konnte sie sich auf nichts konzentrieren. Sie schien etwas verloren zu haben, fühlte sich, als wäre ihr Körper geschrumpft, als wäre er klein geworden, und schwarz und starr. Auch ihre Gelenke wirkten ganz steif, und wenn sie in den Spiegel sah, was sie oft tat auf ihrer Wanderung durch die Wohnung, schienen die Augen ihr aus dem Kopf hervorzuspringen wie Korinthen aus einem Brötchen. Die Zimmer waren ebenfalls wie geschrumpft. Das klobige Mobiliar ragte in komischen Winkeln hervor, sodass sie ständig dagegen stieß. Irgendwann setzte sie ihren Hut auf und ging nach draußen. Sie spazierte entlang der Cromwell Road, und jedes Zimmer, in das sie im Vorbeigehen hineinspähte, schien ein Esszimmer zu sein, in dem Leute unter Stahlstichen speisten, umgeben von dichten gelben Spitzenvorhängen und Mahagonianrichten. Schließlich erreichte sie das naturgeschichtliche Museum, in dem es ihr als Kind immer so gut gefallen hatte. Doch das Erste, was sie jetzt beim Hineingehen sah, war eine ausgestopfte Häsin, die, mit hellroten Glasaugen, auf künstlichem Schnee stand. Der Anblick ließ sie auf unklare Weise erschauern. Vielleicht würde es besser, sobald der Abend anbrach. Sie ging nach Hause, setzte sich, ohne Licht zu machen, ans Feuer und versuchte, sich vorzustellen, dass sie einsam durchs Moor wanderte. Und da war auch ein rauschender Fluss und dahinter ein dunkler Wald. Doch weiter als bis zu dem Fluss kam sie nicht. Schließlich hockte sie sich am Ufer ins nasse Gras, kauerte in ihrem Sessel, mit leer baumelnden Händen, und ihre Augen glänzten wie Glasaugen im Feuerschein. Da krachte ein Schuss … Wie getroffen fuhr sie zusammen. Es war nur Ernest, der die Tür aufschloss. Sie wartete zitternd. Er kam herein und machte Licht. Da stand er, groß, stattlich, und rieb sich die von der Kälte geröteten Hände.

»Warum sitzt du im Dunkeln?«, fragte er.

»Oh, Ernest, Ernest!«, rief sie und richtete sich jäh im Sessel auf.

»Nun, was ist jetzt wieder?«, fragte er schroff und wärmte sich die Hände am Feuer.

»Lapinova …«, stieß sie hervor und blickte mit ihren großen erschrockenen Augen wild zu ihm hinüber. »Sie ist fort, Ernest. Ich habe sie verloren!«

Ernest runzelte die Stirn. Er presste die Lippen aufeinander. »Ach, darum geht's also, ja?«, fragte er und schenkte seiner Frau ein grimmiges Lächeln. Zehn Sekunden lang stand er schweigend da. Und sie wartete, während sie spürte, wie sich der Griff immer enger um ihren Nacken schloss.

»Ja«, sagte Ernest endlich. »Arme Lapinova …« Vor dem Spiegel überm Kaminsims rückte er seine Krawatte zurecht.

»In eine Falle geraten«, sagte er, »verendet.« Mit diesen Worten setzte er sich und begann, die Zeitung zu lesen.

Und damit war diese Ehe vorbei.

Editorische Notiz

Dieser Band enthält sämtliche zu Lebzeiten der Autorin erschienenen Erzählungen, die 1921 von Virginia Woolf selbst sowie 1944 in einer größeren Sammlung von Leonard Woolf publiziert wurden. Titel der englischen Originalausgaben:

Monday or Tuesday (Richmond: Hogarth Press 1921; enthält die Erzählungen »A Haunted House« / »Ein Geisterhaus«, »A Society« / »Eine Gesellschaft«, »Monday or Tuesday« / »Montag oder Dienstag«, »An Unwritten Novel« / »Ein ungeschriebener Roman« [zuvor 1920 in ›London Mercury‹], »The String Quartet« / »Das Streichquartett«, »Blue & Green« / »Blau & Grün«, »Kew Gardens« / »Kew Gardens« [zuvor als Einzelausgabe, Hogarth Press 1919], »The Mark on the Wall« / »Der Fleck an der Wand« [zuvor in *Two Stories*, 1917])

A Haunted House and Other Stories (London: Hogarth Press 1944; enthält u. a. sieben weitere, noch zu Lebzeiten Virginia Woolfs erschienene Erzählungen, nämlich »The New Dress« / »Das neue Kleid« [zuvor 1927 in ›Forum‹], »The Shooting Party« / »Die Jagdgesellschaft« [zuvor 1938 in ›Harper's Bazaar‹], »Lappin and Lapinova« / »Lappin und Lapinova« [zuvor 1939 in ›Harper's Bazaar‹], »Solid Objects« / »Feste Gegenstände« [zuvor 1920 in ›The

Athenaeum‹], »The Lady in the Looking-Glass« / »Die Dame im Spiegel« [zuvor 1929 in ›Harper's Magazine‹], »The Duchess and the Jeweller« / »Die Herzogin und der Juwelier« [zuvor 1938 in ›Harper's Bazaar‹], »Moments of Being« / »Augenblicke des Daseins« [zuvor 1928 in ›Forum‹])

Die Reihenfolge der Erzählungen wurde in vorliegender Ausgabe zugunsten einer chronologischen Anordnung aufgehoben.

Christel Kröning studierte in Düsseldorf Literaturübersetzen. Neben Unterhaltungs- und Jugendliteratur (z. B. Juno Dawson) übersetzt sie Sachbücher, Lyrik, Essays und Erzählungen (z. B. Virginia Woolf) aus dem Englischen ins Deutsche. Rund um das Thema Literaturübersetzen hält sie auch Vorträge und sie engagiert sich im Presseteam des Verbands der Literaturübersetzer/innen, VdÜ. Mehr über Christel Kröning auf www.christelkroening.de